# SOMATISCHE TRAUMAHEILUNG

*Der DIY-Crashkurs für zu Hause, um wahres Körperbewusstsein durch somatische Geheimtipps zu erfahren, die jeder tun kann & Insidertechniken, von denen Ihr Therapeut nicht will, dass Sie sie kennen*

## ASCENDING VIBRATIONS

Ascending Vibrations

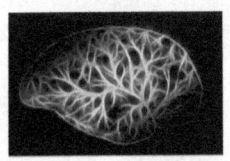

# EINFÜHRUNG

Es ist klar, dass viele Bücher über Somatic Healing Therapy (Somatische Heilungstherapie) darauf abzielen, dem Leser bei seinen unzähligen Problemen direkt zu helfen. Die komplexe wissenschaftliche Terminologie und die schwer nachvollziehbaren Übungen, die in solchen Büchern üblich sind, führen jedoch oft dazu, dass der Leser ratlos zurückbleibt und sich am Kopf kratzt. Dieses Buch ist anders. Dieses Buch ist Selbsthilfe im wahrsten Sinne des Wortes. Nichts in diesem Buch wird kompliziert oder verwirrend sein. Alles, was ich schreibe, wird für Sie leicht zu verstehen und einfach zu befolgen sein. Wenn es in den Kapiteln schwierigere Konzepte gibt, dann werde ich sie so weit herunterbrechen, dass jeder, der neu in der somatischen Heilung ist, sie verstehen kann. Sie brauchen keinen Arzt oder eine Menge an wissenschaftlichen Abschlüssen, um zu verstehen, was der Autor zu vermitteln versucht. Dieses Buch ist für jeden und jede geeignet.

Die in diesem Buch enthaltenen Übungen werden nicht so schwierig sein, dass Sie die Hilfe Ihrer Nachbarn in

Anspruch nehmen oder einen professionellen Somatikthera-
peuten um Hilfe bitten müssen. Nein, es sind einfache Übungen, die jeder, egal wie jung oder alt, leicht nachmachen und
in der Sicherheit seines Zuhauses durchführen kann.

Wenn Sie sich für dieses Buch interessieren, kann das
durchaus bedeuten, dass Sie sehr belastende oder traumatische Erfahrungen gemacht haben und auf der Suche nach
Heilung sind. Bitte denken Sie daran, dass ich hier bin, um
Sie zu unterstützen und Sie auf diesem Weg zu ermutigen.
Ich werde es vermeiden, eine bestimmte Sprache zu
verwenden und bestimmte Situationen zu erwähnen, die ein
Wiederaufleben des Traumas in Ihnen auslösen könnten.
Dieses Buch ist ein sicherer Hafen für Sie. Es wird Ihnen
immer die Möglichkeit gegebn, einen Frieden und Trost zu
finden, wenn Sie in dieses Buch eintauchen. Es sollte Ihnen
als Leitfaden dienen, wenn Sie Übungen brauchen, die Ihnen
auf Ihrem Heilungsweg helfen. Dies sind keine Übungen, die
Sie nur einmal machen und dann nie wieder anwenden
müssen. Es sind Übungen, die Sie täglich anwenden können,
um die Heilung in Ihnen zu fördern. Keine Sorge: Sie müssen
sich nicht einer mystischen Religion verschreiben oder einem
schamanischen Führer folgen, um an der Heilung teilzunehmen. Alles hier ist pragmatisch und dient Ihrem Vergnügen,
Ihrem Wissen und Ihrer Erleuchtung. Es ist nicht erforderlich, dass Sie Ihr gesamtes Glaubenssystem ändern, um davon
zu profitieren.

Ich werde auch über Trauma sprechen und darüber, wie es
sich auf unser aller Leben auswirkt und es beeinflusst. Unabhängig von Ihrem Alter oder Geschlecht, wenn Sie ein traumatisches Erlebnis überlebt haben, ist dieses Buch dazu da,
Ihnen auf eine Weise zu helfen, die Sie nicht belastet oder

herunterzieht. Ich werde Sie daran erinnern, was für ein einzigartiger und widerstandsfähiger Mensch Sie sind und wie Sie, wenn Sie sich auf diese Heilungsreise einlassen, die bestmögliche Version Ihrer selbst sein können.

## WIR SIND NICHT NUR UNSER VERSTAND: WIE SICH TRAUMA AUF UNSEREN KÖRPER UND UNSERE GESUNDHEIT AUSWIRKT

Trauma ist eine Erfahrung, die alle Menschen gemeinsam haben und mit der wir alle etwas anfangen können. Manchmal ist es offensichtlich: Wir haben einen Autounfall oder verlieren unerwartet einen geliebten Menschen – das kann eine traumatische Erfahrung für uns sein. Vielleicht hatten wir einen Konflikt mit einem Arbeitskollegen; vielleicht hat uns jemand beleidigt oder herabgesetzt. Das klingt vielleicht nicht nach viel, aber auch diese kleinen Dinge können traumatische Erfahrungen sein. Das Risiko eines Traumas ist etwas, das wir jeden Tag erleben. Unsere Reaktion auf ein Trauma ist von Mensch zu Mensch unterschiedlich, weil sie davon abhängt, wie das Gehirn eines jeden Menschen auf solche Situationen reagiert – sowohl zum Zeitpunkt des Ereignisses als auch in der Zukunft.

Das Problem ist, dass nicht nur unser Gehirn, sondern unser ganzer Körper betroffen ist, wenn ein Trauma nicht behandelt wird. Die Auswirkungen eines Traumas können unser Wohlbefinden und unsere Gesundheit stark beeinträchtigen. Sie können sich auf alles auswirken, von der Verdauung bis zur Herzfrequenz. Es ist wichtig, daran zu denken, dass ein Trauma nicht nur unseren Verstand betrifft: Es kann unseren ganzen Körper und jeden Bereich unserer Gesundheit beeinträchtigen. Natürlich ist es wichtig, dass wir das Trauma aus unserem Körper entfernen und lernen, es zu heilen. Andernfalls kann es zu chronischen Krankheiten führen. Traumata haben zu Krankheiten wie Typ-2-Diabetes, rheumatischer Arthritis und Herzerkrankungen geführt (Richmond, 2018). Bei meinem Vater wurde spät in seinem Leben rheumatoide Arthritis diagnostiziert. Da ich jetzt mehr über Traumata weiß, frage ich mich, ob das mit dem Tod seiner Frau (meiner Mutter) zusammenhing. Sie waren schon sehr lange zusammen. Zu sagen, dass der Tod seiner Frau ein Schock für ihn war, wäre eine Untertreibung. Hätte ich damals nur von der somatischen Heiltherapie gewusst, hätte ich meinem Vater vielleicht besser helfen können, diese traumatische Erfahrung zu bewältigen. Wir alle reagieren jedoch unterschiedlich, und ich möchte Ihnen versichern, dass ein traumatisches Erlebnis nicht gleich bedeutet, dass Sie krank werden. Aber es hat das Potenzial, dies zu tun, wenn es nicht behandelt wird.

Ein Trauma, das oft als psychischer Aspekt betrachtet wird, äußert sich in körperlichen Reaktionen wie Kopfschmerzen, Muskelverspannungen, Müdigkeit und Magenbeschwerden (Richmond, 2018). Es ist die Art von ständigem körperlichem Schmerz, den niemand von uns ertragen möchte, wenn wir nicht müssen. Er wirkt sich auch auf unsere Emotionen und Gefühle aus. Manche von uns fühlen sich verwirrt; manche fühlen sich völlig isoliert; manche fühlen sich gefangen; manche fühlen sich hoffnungslos und haben das Gefühl, keine Kontrolle über sich selbst zu haben; oder manche hören ganz auf zu fühlen und kümmern sich nicht mehr um sich selbst und andere. Ein Trauma mag im Gehirn beginnen, aber es kann unser ganzes Wesen beein-

# HINWEIS FÜR DEN LESER

Die Informationen in diesem Buch wurden ausschließlich zu allgemeinen Informations- und Bildungszwecken verfasst. Es ist nicht dazu gedacht, als medizinischer Ratschlag zu dienen, irgendeine Form der medizinischen Behandlung zu sein, einen medizinischen Zustand zu diagnostizieren oder den Rat eines Arztes oder Heilpraktikers zu ersetzen. Bitte konsultieren Sie Ihren Arzt, bevor Sie ein neues Gesundheitsprogramm beginnen. Die Verwendung der Informationen in diesem Buch liegt in der alleinigen Verantwortung des Lesers.

# BEANSPRUCHEN SIE IHRE BONI (AUF ENGLISCH)

Um Sie auf Ihrer spirituellen Reise zu unterstützen, haben wir einige kostenlose Boni zusammengestellt, die Ihnen helfen, energetischen Ballast loszuwerden, der Ihnen nicht mehr dient, und ein Leben zu manifestieren, das besser zu Ihnen passt. Zu den Boni gehören ein begleitender Videokurs mit über 4,5 Stunden stärkendem Inhalt, energiegeladene

Videos, kraftvolle geführte Meditationen, Tagebücher und mehr.

Sie erhalten sofortigen Zugang, indem Sie auf den unten stehenden Link gehen oder den QR-Code mit Ihrem Mobiltelefon scannen. (auf Englisch)

https://bonus.ascendingvibrations.net

## Gratis-Bonus #1: Der 3-stufige Chakra-Einstimmungskurs

Möchten Sie eine einzigartige Methode kennenlernen, um die Chakren anzuregen? Erhöhen Sie Ihre Frequenz, indem Sie das Unterbewusstsein, das Physische und das Spirituelle aktivieren

- Entdecken Sie eine einzigartige 3-stufige Chakra-Zielmethode, die von so viele Menschen nicht genutzt wird!
- -Hacken Sie Ihr Gehirn, steigern Sie Körper, Geist und Seele und lösen Sie Blockaden, die Sie von Ihrer Größe abhalten
- -Erwecken Sie erstaunliche Energie, um eine Realität zu schaffen, die besser zu Ihnen passt
- -Hören Sie auf, wertvolle Zeit mit unwirksamen Methoden zu verschwenden

## Kostenloser Bonus #2: Das Manifesting Secret Formula Toolkit

Haben Sie es satt, sich mit Ihrem Leben nur zufrieden zu geben, wertvolle Zeit zu verschwenden, und sind Sie bereit, Ihr höchstes Potenzial anzuziehen?

## Gratis-Bonus #3: Das Werkzeugset zur spirituellen Reinigung
**Sind Sie bereit, all die negative Energie abzulegen, die Ihnen nicht mehr dient?**

- -Energetische Blockaden lösen , die Ungleichgewichte verursachen könnten
- -Erwecken Sie erstaunliche Energie, um Ihre Aura aufzuladen
- -Schaffen Sie eine wunderbar gereinigte, energetische Umgebung

**Gratis-Bonus #4: Eine kraftvolle geführte 10-Minuten-Energieheilungs-Meditation**

Alle diese tollen Boni sind zu 100 % kostenlos. Sie müssen außer Ihrer E-Mail-Adresse keine weiteren Angaben machen. Um sofortigen Zugriff auf Ihre Boni zu erhalten, gehen Sie auf

https://bonus.ascendingvibrations.net

# INHALT

trächtigen, wenn wir nicht lernen, uns davon zu heilen. Das sind die Informationen, die ich zu vermitteln versuchen werde. Wenn Sie die Ratschläge und Übungen in diesem Buch befolgen, können Sie Ihre Heilungsreise beginnen und lernen, Ihr Leben so umzugestalten, dass die Vergangenheit nicht mehr davon beherrscht wird. Es ist an der Zeit, dass Sie aufhören, sich an die Vergangenheit zu erinnern, und sich stattdessen darauf konzentrieren, Ihre Zukunft zu gestalten.

# WENN SIE DIE „SOMATISCHE THERAPIE" VERSTEHEN, DANN VERSTEHEN SIE, WIE SIE IHR WOHLBEFINDEN FÜR IMMER VERÄNDERN KÖNNEN

Das Wort "somatisch" stammt ursprünglich vom griechischen Wort *soma ab*, das "lebendiger Körper" bedeutet (Erdelyi, 2019). Dieser Blick auf den Ursprung des Wortes gibt Ihnen eine gute Vorstellung davon, was somatische Therapie ist. Es geht darum, sowohl auf den Körper als auch auf den Geist zu hören und die Verbindung zwischen beiden herzustellen. Indem Sie auf Ihren Körper hören und lernen, ihn zu heilen, können Sie wiederum Ihren Geist heilen. Der Gedanke hinter der somatischen Therapie ist, dass vieles von dem, worunter wir jetzt leiden, auf ein vergangenes Trauma zurückzuführen ist. Es wird angenommen, dass ein Großteil dieses Traumas in unserem Nervensystem gefangen ist. Die Symptome und Auswirkungen des Traumas, die wir körperlich zeigen, resultieren aus der Instabilität unseres Nervensystems, die durch diese vergangenen Erfahrungen verursacht wurde.

Manche mögen diesen Glauben als Hokuspokus abtun. Die Wissenschaft untermauert diese Theorie, dass Körper und Geist miteinander verbunden sind. Morrisey sang einst in

The Smiths Song "Still Ill": "Beherrscht der Körper den Geist oder beherrscht der Geist den Körper? Ich weiß es nicht" (Morrisey & Marr, 1984). Je mehr wissenschaftliche und medizinische Forschungen auf diesem Gebiet durchgeführt werden, desto mehr erkennen wir jedoch, dass Geist und Körper miteinander verbunden sind und dass Schmerz in beide Richtungen wirken kann. So kam beispielsweise eine 2005 durchgeführte Studie zu dem Schluss, dass chronische Rückenschmerzen häufig mit Angstzuständen und extremen emotionalen Reaktionen einhergehen (Von Korff et al., 2005). Eine Studie aus dem Jahr 2020 konzentrierte sich darauf, wie sozialer Schmerz, d. h. die Isolierung von sich selbst oder negative Erfahrungen in der Interaktion, zu körperlichen Schmerzen führen kann (Zhang et al., 2020). Daher wird die somatische Heilung als Therapie eingesetzt, weil sie sowohl den Geist als auch den Körper anspricht. Sie spricht auch unsere Emotionen und Gefühle an. Sie geht nicht nur davon aus, dass körperliche Schmerzen nur durch physikalische Therapie geheilt werden können oder dass die psychische Gesundheit nur durch psychologische Therapie behandelt werden kann.

## SOMATISCHE PSYCHOLOGIE UND PSYCHOTHERAPIE

Nun ist es an der Zeit, die somatische Psychologie und Psychotherapie vorzustellen. Die somatische Psychologie umfasst therapeutische und ganzheitliche Methoden in Bezug auf den Körper, von denen die somatische Psychotherapie der größte Zweig ist.

Die somatische Psychotherapie umfasst auch den therapeutischen und ganzheitlichen Ansatz der somatischen Psychologie. Sie versucht, Probleme mit dem Körper, dem Geist und den Emotionen im Rahmen des Heilungsprozesses anzugehen. Es wird davon ausgegangen, dass die Gedanken, die Einstellung, die Prinzipien und die Emotionen einer Person ihr körperliches Wohlbefinden beeinflussen können und dass körperliche Dinge wie Körperhaltung, Bewegung und Ernährung sich auf die Psyche einer Person auswirken können. Jeder, der Morgan Spurlocks Dokumentarfilm *Super Size Me* aus dem Jahr 2004 gesehen hat, weiß, dass Morgan viele weitreichende körperliche Probleme hatte, die durch das Essen bei einer bekannten Fast-Food-Kette verursacht wurden, und auch unter extremen Stimmungsschwankungen litt. Nicht nur seine körperliche, sondern auch seine geistige Gesundheit hat sich durch das Experiment verschlechtert.

Die somatische Psychotherapie ist eine Methode, die auf der Verbindung zwischen Körper und Geist beruht. Die Anhänger der somatischen Psychotherapie sehen Geist und Körper als Einheit an, und jede Therapie sollte beide Faktoren berücksichtigen. Sie glauben, dass Geist und Körper sich in Richtung Heilung bewegen können, wenn sie den richtigen Ansatz, die richtige Umgebung, soziale Interaktionen, Ermutigung und Respekt erhalten. Wenn dies der Fall ist, können sich Geist und Körper selbst regulieren, um mit den Belastungen des Lebens fertig zu werden. Andernfalls wird das Trauma im Körper gespeichert und kann sich auf Dinge wie Körperhaltung, Gesichtsausdruck und Körpersprache auswirken. Traditionelle Therapien wie Gesprächstherapien können bei Traumata helfen, aber auch ein ganzheitlicher Ansatz wie somatische therapeutische Techniken können Wunder bewirken. Das Gleiche gilt für

Körpertherapien: Sie können körperliche Probleme und sogar einige psychologische Probleme behandeln, aber sie lösen keine tiefsitzenden psychischen Probleme.

Oft wird Wilhelm Reich zugeschrieben, dass er die Ideen des somatischen Heilens entwickelt hat. Er profitierte jedoch davon, dass er ein Schüler von Sigmund Freud war, der selbst frühe Gedanken über das entwickelte, was wir heute als somatisches Heilen bezeichnen. Auch Pierre Janet hat schon früh zu dieser Art von Gedanken und Ideen beigetragen. Reich entwickelte diese Ansichten jedoch zu einem sehr viel fortschrittlicheren Konzept. Er glaubte, dass die menschlichen Instinkte von Natur aus gut seien. Aus dieser Überzeugung heraus entwickelte er eine Theorie, die den Körper mit einbezog. In seinem 1933 erschienenen Buch *Character Analysis (Charakteranalyse)* vertrat Reich die Ansicht, dass der Körper von verschütteten Emotionen und sogar von der Persönlichkeit eines Menschen beeinflusst wird. Dies könne zu Verspannungen in den Muskeln, der Körperhaltung und der Art und Weise, wie sich eine Person bewegt, führen. Er bezeichnete diese Vorstellung als "Körperpanzer". Daraus schloss er, dass eine Art physische Kraft auf den Körper ausgeübt werden muss, um die tief im Körper eingeschlossenen Emotionen zu lösen (Bell, 2017). Obwohl einige von Reichs späteren Ideen von der psychologischen Fachwelt abgelehnt wurden, hatte er den Grundstein für die somatische Therapie gelegt. Es ist heute weithin anerkannt, dass Geist und Körper viel stärker aufeinander abgestimmt sind und nicht, wie früher angenommen, getrennte Einheiten darstellen. Viele Fachleute, die sich mit psychischer Gesundheit befassen, unterstützen heute einen ganzheitlicheren

Ansatz im Umgang mit Menschen, die von einem Trauma betroffen sind.

Bei der somatischen Psychotherapie wird auf die Signale des Körpers geachtet - nicht nur auf das, was unser Verstand uns sagt. Dabei kann es sich um Verspannungen in den Muskeln handeln - in der Regel im Kopf-, Nacken- und Schulterbereich - oder um Verdauungsprobleme, hormonelle Störungen oder sexuelle Dysfunktion. Somatische Psychotherapeuten helfen einer Person, auf ihren Körper zu hören und sich dieser Signale bewusst zu werden. Sie weisen dann die therapeutische Technik zu, von der sie glauben, dass sie am besten zur Linderung der Probleme beitragen kann. Dabei kann es sich um Übungen wie Atemtechniken oder um etwas sehr Körperliches wie Tanzbewegungen handeln. Die Person kann auch ihre Verhaltensgewohnheiten besprechen und in Zukunft darauf achten, welche Auswirkungen diese Gewohnheiten auf neue Gedanken und Gefühle haben, die während der somatischen Therapie auftauchen können.

Im Wesentlichen kann die somatische Therapie den Menschen helfen, ihren Körper und ihren Geist wahrzunehmen und sie dabei unterstützen, sich zu öffnen und mehr über ihre Gefühle und körperlichen Probleme nachzudenken. Wie wir in einigen späteren Kapiteln sehen werden, wird die somatische Therapie immer mehr zur Norm für die Unterstützung von Menschen, die an einer posttraumatischen Belastungsstörung (PTBS) leiden. Wenn Sie die somatische Therapie verstehen und in Ihre Routine einbeziehen, kann sie Ihnen dabei helfen, eine Vielzahl von Problemen anzugehen, wie z. B. den Umgang mit Stress, Ängsten und Depressionen, Beziehungs- und Interaktionsprobleme zu lösen oder das Selbstvertrauen und den Glauben an sich selbst zu stärken.

## KEY SOMATIC THERAPY CONCEPTS

Ich werde die Schlüsselkonzepte in den einzelnen Kapiteln im Laufe des Buches noch viel ausführlicher behandeln. In diesem ersten Kapitel möchte ich Ihnen jedoch einen kurzen Überblick über diese grundlegenden Konzepte geben, damit Sie bereits ein grundlegendes Verständnis haben, wenn wir später tiefer in diese Ideen eintauchen.

### Erdung

Erdung ist eine Technik, die am Körper angewandt wird und es ermöglicht, sich im gegenwärtigen Moment zu fühlen. Sie nutzt die Fähigkeit der Person, ihren physischen Körper zu spüren, indem sie ihre Sinne einsetzt und ihre Füße auf dem Boden spürt. Im Wesentlichen geht es bei der Erdung darum, das Nervensystem zu steuern und zu lernen, sich ruhig zu fühlen.

### Entwicklung der Grenzen

Bei der Entwicklung von Grenzen geht es darum, dass sich die Person auf das Hier und Jetzt konzentriert, ihr die Mittel an die Hand gibt, um positiv auf ihre veränderten Anforderungen zu reagieren und klare Grenzen zu setzen. Sie ermöglicht es einer Person, selbstbewusst auf sich verändernde Situationen zu reagieren und sich vor Überforderung zu schützen.

### Selbstregulierung

Ich glaube, einige Leute meinen, ich könnte mich selbst regulieren, wenn es um Kuchen oder Alkohol geht! Doch dieses Konzept hat eher mit der Selbstregulierung des

Körpers zu tun, nicht unbedingt mit der Ernährung oder den Trinkgewohnheiten (obwohl die Selbstregulierung von beidem nie eine schlechte Idee ist). Es ist die Idee, dass die Person bei tiefen Emotionen oder Empfindungen bewusst bleibt und einen Teil ihres Körpers spürt. Die Person lernt, alle wichtigen körperlichen Empfindungen selbst zu regulieren und kann sie selbst steuern oder in Zeiten starker emotionaler Belastung angemessen reagieren.

### Bewegung und Prozess

Wie ich bereits dargelegt habe, geht es in der somatischen Therapie darum, auf den eigenen Körper zu hören. Das bedeutet, dass die Körperhaltung einer Person, ihr Raumgefühl und ihre Körpersprache, z. B. Gesten, ein genaues Verständnis der Lebenserfahrungen vermitteln können, die eine Person durchlebt hat. Bewegung kann etwas sein, auf das sich eine Person einlassen kann, um bei ihren Problemen zu helfen.

### Sequenzierung

Bei der Sequenzierung geht es darum, wie sich die durch traumatische Erfahrungen aufgebaute Spannung im Körper bewegen kann. Zum Beispiel kann die Spannung im Magen beginnen. Dann wandert sie vielleicht in den Brustkorb, der sich zusammenzieht, und dann weiter in den Hals, wo sie sich wiederum zusammenzieht und das Atmen erschwert. Vielleicht führt die Anspannung dazu, dass man unwillkürlich weint und die Tränen aus den Augen kommen, so dass sich die Person etwas entspannt und leichter atmen kann.

### Titration

Die Titration ist ein Verfahren, bei dem die Person in geringem Umfang mit Ängsten konfrontiert wird, während sie insgesamt geheilt wird. Eine Person wird sich sehr langsam in ihre vergangenen traumatischen Erfahrungen zurückversetzen, und während sie das tut, wird der somatische Therapeut die Reaktionen und Empfindungen im Körper überprüfen. Er wird nicht nur den körperlichen Aspekt im Auge behalten: Er wird weiterhin mit der Person sprechen, aber er wird auf Dinge wie Atembeschwerden, geballte Fäuste, Zähneknirschen oder eine Veränderung im Klang der Stimme achten.

**Beschaffung/ Ressourcen**

Die Beschaffung bezieht sich auf die Ressourcen, die Sie einer Person zur Verfügung stellen können, damit sie das Gefühl hat, sichere Entscheidungen treffen zu können und nicht überfordert und ängstlich zu werden. Die Person lernt, Orte, Menschen und Dinge zu identifizieren, die ihr ein Gefühl von Sicherheit und Ruhe vermitteln. Sie wird diese nutzen, wenn sie sich bedrängt fühlt. Sie werden herausfinden, wie sie sich in Frieden mit der Welt fühlen können und was ihr Körper fühlt.

## GIBT ES GRENZEN DER SOMATISCHEN PSYCHOTHERAPIE?

Obwohl die somatische Psychotherapie immer häufiger als Therapieoption für die Behandlung von Traumata eingesetzt wird, wurden von ihren Gegnern einige Bedenken und Einschränkungen geäußert. Eines dieser Probleme ist die Berührungstherapie, die manchmal als Teil der somatischen Therapie eingesetzt werden kann. Viele Therapeuten sind der Meinung, dass die Berührungstherapie ethische Implikationen hat. Es wird zwar anerkannt, dass einige Berührungstherapien eine heilende Wirkung haben können, indem sie

Schmerzen oder Spannungen lindern, aber es wird auch anerkannt, dass die Berührung einiger Missbrauchsopfer deren Trauma auslösen könnte. Es besteht auch die Möglichkeit, dass Berührungen nicht nur ein erneutes Trauma auslösen, sondern auch bei manchen Menschen Unbehagen hervorrufen oder sie sogar erregen. Das kann bedeuten, dass es vom Zweck der Therapie ablenkt. Der Patient kann Gefühle und Emotionen, die sich auf jemanden oder etwas anderes beziehen, auf den Therapeuten übertragen; auch der umgekehrte Fall ist möglich - der Therapeut überträgt Gefühle und Emotionen, die den Patienten nicht direkt betreffen, auf ihn. Daher müssen sowohl der Therapeut als auch der Patient zustimmen, dass Berührungen ein akzeptabler Teil der Therapie sind, und der Patient muss bereit sein, seinen Körper zu erforschen und ein Bewusstsein für ihn zu entwickeln. In einigen Ländern sind nicht alle Kurse für Körperpsychotherapie akkreditiert, da man davon ausgeht, dass sie nicht alle erforderlichen wissenschaftlichen Kriterien erfüllen. Bei der Suche nach diesen speziellen Kursen sollten Sie sich daher über dieses Szenario im Klaren sein (Bell, 2017).

## VERSCHIEDENE ARTEN DER TRAUMATHERAPIE

Abschließend werde ich in diesem Kapitel einige der Programme und Verfahren vorstellen, die Sie im Bereich der somatischen Therapie anwenden können. Ich werde diese in den verschiedenen Kapiteln des Buches viel ausführlicher besprechen, aber dies soll Ihnen einen Eindruck davon vermitteln, was Sie ansprechen könnte oder woran Sie besonders interessiert sein könnten - obwohl alle davon profitieren können.

### Kunsttherapie

Kunsttherapie kann eine nützliche Methode zur Behandlung von Traumata sein. Sie ermöglicht es einer Person, das zu schaffen, was sie will, in ihrem ganz eigenen Tempo. Außerdem beinhaltet sie sowohl visuelle als auch physische Elemente. Die Kunst wird dann zu einer Befreiung von diesem Trauma und ermöglicht es der Person, sich ihres Körpers und der Empfindungen, die mit dem Berühren von Dingen und dem Schaffen verbunden sind, bewusster zu werden.

### Klopfen mit der Emotional Freedom Technique (EFT)

EFT beruht auf ähnlichen Prinzipien wie die Akupunktur. Man geht davon aus, dass es bestimmte Punkte am Körper gibt, die mit Organen oder anderen inneren Teilen des Körpers in Verbindung stehen. Durch Klopfen mit den Fingern auf diese Punkte werden Botschaften an das Gehirn gesendet. Dies wiederum kann Spannungen und Druck abbauen, die sich aufgrund negativer Erfahrungen und Emotionen aufgebaut haben.

### EMDR-Therapie (Eye Movement Desensitization and Reprocessing)

Bei der EMDR-Therapie durchlebt die Person ihr Trauma langsam und in Abständen, während der Therapeut sie anweist, die Augen zu bewegen. Der Gedanke dahinter ist, dass es einfacher ist, mit der Erinnerung an schreckliche Erlebnisse der Vergangenheit fertig zu werden, wenn die Aufmerksamkeit auf etwas anderes gelenkt wird. Wenn die Aufmerksamkeit auf diese Weise abgelenkt wird, ist die körperliche und emotionale Reaktion auf das Trauma viel geringer.

### Energie-Psychologie

EFT ist eine Form der Energiepsychologie. Dabei werden mit akupunkturähnlichen Methoden die Energiepunkte des Körpers geklopft, während sich die Person, die sich der Therapie unterzieht, auf traumatische Ereignisse oder Erfahrungen in ihrem Leben konzentriert.

### Fokussierungstherapie

Bei der Fokussierungstherapie geht es darum, dieses Gefühl im Körper zu haben, wenn man sich an traumatische Erlebnisse erinnert - sich auf dieses Gefühl im Körper zu konzentrieren, so dass ein Bild entsteht. Anhand dieses Bildes kann man dann erkennen, wo das Trauma festsitzt und wie man damit umgehen kann.

### Gestalttherapie

In der Gestalttherapie geht es vor allem darum, sich auf das Hier und Jetzt zu konzentrieren. Sie will verhindern, dass der Betroffene ständig nur an die Vergangenheit denkt. Sie ermutigt eine Person, sich der Gefühle und Emotionen bewusst zu werden, die sie gerade hat, und gibt Ratschläge, wie sie diese mit körperlichen Symptomen in Verbindung bringen kann. Es gibt verschiedene Formen der Gestalttherapie, auf die ich später noch näher eingehen werde.

### Geführte Imaginationstherapie

"Stellen Sie sich vor, Sie sind an einem Strand und die Wellen plätschern an Ihre Füße." Das haben wir alle schon einmal gehört, wenn es darum geht, Menschen zu entspannen. Genau das ist die geführte Bildtherapie: Sie nutzt Bilder, um Menschen zu helfen, sich von seelischen Ängsten und Stress zu befreien.

### Achtsamkeit

Achtsamkeit ist die Praxis des Gewahrseins von

Gedanken und Gefühlen, wie sie auftreten, ohne diese Gedanken zu bewerten.

## Psychodrama

Psychodrama funktioniert auf der Grundlage, dass es der Person ermöglicht, das zu sagen oder zu tun, was sie braucht, um sich von dem Trauma zu heilen. Dazu gehört das Wiedererleben des Traumas, wofür verschiedene Techniken angewendet werden können. Darauf werde ich im weiteren Verlauf des Buches näher eingehen.

## Sensomotorische Psychotherapie

Bei diesem Aspekt der Psychotherapie geht es um den Körper und darum, wie das Hören auf ihn und sein Verständnis zur Heilung unseres Traumas beitragen können.

## Somatisches Erleben

Beim somatischen Erleben geht es auch darum, den Körper in den Mittelpunkt zu stellen - insbesondere das Nervensystem - und darauf zu hören, was es sagt, und entsprechend zu reagieren.

## Tanz/Bewegungstherapie

Wie der Name schon vermuten lässt, wird bei dieser Therapieform Bewegung, häufig Tanz, eingesetzt. Die Suggestion ist, dass die Person in der Lage sein kann, sich durch Tanz und Bewegung auf eine Weise auszudrücken, die sie nie verbal ausdrücken konnte; dies kann helfen, psychische Probleme zu heilen.

# SOMATISCHE ACHTSAMKEIT UND ERLEBEN

## SOMATISCHE ACHTSAMKEIT

Somatische Achtsamkeit ist ein wesentlicher Bestandteil der somatischen Therapie. Die Wahrnehmung des Körpers und dessen, was er im Hier und Jetzt tut, ist ein wichtiger Bestandteil der somatischen Therapie - und nicht, wie sich der Körper in der Vergangenheit gefühlt hat oder in der Zukunft fühlen wird. Viele von uns hören nicht auf ihren Körper und wissen nicht, was er uns zu sagen versucht. Sie haben die Möglichkeit, sich von dem zu lösen, was Ihr Nervensystem Ihnen sagt. Es sagt Ihnen vielleicht, dass Sie sich ängstlich, defensiv oder überfordert fühlen sollen - welches Verhalten auch immer Sie unbewusst als das angenehmste empfinden - auch wenn es Ihnen in Wirklichkeit unangenehm ist.

Achtsamkeit war ursprünglich ein buddhistisches Konzept. Im Laufe der Jahrhunderte entwickelte es sich dann langsam zu etwas, das westliche Therapeuten und Ärzte häufig zur Unterstützung der psychischen Gesundheit einsetzen.

Es gibt ein hervorragendes Beispiel, das Andrea Bell aus ihrer Therapieerfahrung erzählt. Es geht um einen Patienten in einer schwierigen Situation, in der er niemandem vertrauen konnte. Nach einigen Sitzungen mit ihm tauschte sie aus Gründen, die nichts mit dem Patienten zu tun hatten, die Möbel in ihrem Büro gegen - in ihren Augen - bequemere Möbel aus. Als er jedoch hereinkam und sich auf den neuen, bequemeren und luxuriöseren Stuhl setzte, wurde er sofort misstrauisch und fragte Andrea, warum sie die Möbel ausgetauscht hatte und ob sie dies absichtlich tat, um ihn zu verwirren. Nachdem Andrea ihm die wahren Gründe für die Veränderung erklärt hatte, entspannte sich der Junge und genoss den Komfort des neuen Stuhls. Das zeigt, wie sehr wir uns oft von unserem Verhalten und unseren Erfahrungen aus der Vergangenheit leiten lassen, so dass wir vergessen, die Gegenwart zu genießen und sie dann zu nutzen, um uns vorzustellen, wie die Zukunft aussehen könnte. In diesem Fall ging der Junge davon aus, dass die Therapiesensationen mit Andrea scheitern würden. Andrea arbeitete dann mit dem Jungen daran, zu unterscheiden, welche körperlichen Empfindungen er hatte, als er den Raum betrat. Dann kann er diese Reaktionen beim nächsten Mal notieren und lernen, auf sie zu hören und darüber nachzudenken, ob dies die angemessenste Reaktion ist. Je mehr er das tut, desto mehr sollte sich seine anfängliche Reaktion auf die Veränderung beruhigen und langsam nicht mehr als Bedrohung empfunden werden (Bell, 2018).

Ein weiterer Aspekt der Achtsamkeit ist, dass sie uns lehrt, uns nicht mehr selbst zu verurteilen. Anstatt über etwas nachzudenken, das wir in der Vergangenheit gesagt oder falsch gemacht haben, während wir unserem täglichen Leben nachgehen, lehrt uns die Achtsamkeit, uns nicht so hart zu verurteilen. Sie hilft uns dabei, uns keine Gedanken über die Vergangenheit zu machen, sondern uns nur auf die Gegenwart zu konzentrieren und diese zu genießen.

Wir wissen, dass dies funktionieren kann. Wenn Sie jemals Sportler vor einem Rennen beobachtet haben, werden Sie wahrnehmen, wie sie verschiedene Bewegungen und Rituale durchlaufen. Alles, was sie tun, ist, sich in Achtsamkeit zu üben, um wirklich im gegenwärtigen Moment zu sein und deshalb entspannt und ruhig zu sein - und nicht diese zweifelnden, ängstlichen Gedanken durch den Kopf gehen zu lassen, die sich in ihrem Körper durch Muskelspannung zeigen. Diejenigen, die sich am meisten in Achtsamkeit üben, sind normalerweise diejenigen, die das Rennen gewinnen.

Es gibt zahlreiche Belege für den Erfolg von Achtsamkeit bei vielen Problemen. Sie kann helfen, die Prokrastination zu verringern. Eine Studie zeigte, dass diejenigen, die an einem intensiven Meditationskurs teilnahmen, ihre Prokrastination deutlich besser in den Griff bekamen als diejenigen, die den Kurs nicht absolvierten (Chambers et al., 2008). Es gibt auch mehrere Studien, die den Abbau von Stress und Ängsten als Ergebnis von Achtsamkeitsübungen belegen. Eine Studie aus dem Jahr 2010 kam zu dem Schluss, dass Achtsamkeit Stress, Ängste und andere mögliche Stimmungsprobleme wirksam behandelt (Hoffman et al., 2010).

Das ist aber noch nicht alles. Eine Studie aus dem Jahr 2009 legt nahe, dass Achtsamkeit Ihre Aufmerksamkeit und Konzentration erheblich verbessern kann. Diejenigen, die an bestimmten Tests teilnahmen, schnitten viel besser ab, wenn sie Achtsamkeit praktiziert hatten, als diejenigen, die dies nicht getan hatten (Moore & Malinowski, 2009).

Außerdem zeigte eine Studie aus dem Jahr 2007, dass Personen, die sich in Achtsamkeit geübt hatten, weitaus besser damit zurechtkamen, beunruhigende oder emotional auslösende Bilder zu sehen, als Personen, die sich nicht in Achtsamkeit geübt hatten. Die Studie kam zu dem Schluss, dass Achtsamkeit die Auswirkungen von Dingen, die eine emotionale Reaktion hervorrufen, verringern kann (Ortner et al., 2007).

Es scheint, dass sich Achtsamkeit nicht nur auf die eigene Person, sondern auch auf die Beziehungen zu anderen Menschen positiv auswirkt. Eine Studie aus dem Jahr 2007 ergab, dass diejenigen, die Achtsamkeit praktizierten, viel besser in der Lage waren, mit der Art von Konflikten umzugehen, die in romantischen Beziehungen auftauchen; sie hatten eine höhere Wahrscheinlichkeit, in einer glücklichen und befriedigenden Beziehung zu leben; und diejenigen, die Achtsamkeit praktizierten, konnten besser kommunizieren als diejenigen, die dies nicht taten (Barnes et al., 2007).

Eines der Nebenprodukte der aktuellen Pandemie und der vielen Abriegelungen auf der ganzen Welt ist, dass zu viel Stress und Angst verursacht wurde. Es ist fast unmöglich geworden, die Gegenwart zu genießen, weil wir uns ständig Sorgen über das machen, was gleich um die Ecke kommt. Die somatische Achtsamkeit ist jedoch etwas, das Sie mit Leichtigkeit in Ihre tägliche Routine einführen können; so können Sie den Stress und die Ängste, die Sie vielleicht empfinden, reduzieren. Es ist nichts, was Ihren ganzen Tag in Anspruch nehmen wird. Alles, was Sie brauchen, sind 20 bis 30 Minuten am Tag, um sich zu entspannen und eine Bestandsaufnahme von sich selbst und der Welt um Sie herum zu machen. Sie können auch andere Dinge tun, während Sie mit Ihrer Achtsamkeitspraxis beginnen. Sie können sich die Zähne putzen und dabei daran denken, wie fest Ihre Füße auf dem Boden stehen, wie sich die Zahnbürste in Ihrer Hand und auf Ihren Zähnen anfühlt und wie sich Ihr Arm beim Putzen auf und ab oder hin und her bewegt.

Viele Menschen haben heutzutage eine Geschirrspülmaschine, aber ich gehöre nicht dazu. Ein guter Nebeneffekt ist, dass ich Achtsamkeit üben kann, während ich das Geschirr abwasche. Ich kann mich auf das Gefühl des Seifenwassers an meinen Händen und das Geräusch des Bestecks auf dem Geschirr konzentrieren. Der Abwasch ist eine gute Möglichkeit, sich dem Anblicke und der Geräusche bewusst zu werden und die Achtsamkeit zu erhöhen. Wenn Sie Ihre saubere Kleidung zusammenlegen, nehmen Sie sich einen Moment Zeit, um sie zu riechen und zu fühlen. Sie können sogar ein paar tiefe Atemzüge nehmen und sich Ihrer Atmung bewusst werden, während Sie die Wäsche zusammenlegen und wegräumen. Wenn Sie eine Fitnessstudio-Ratte sind (oder nur gelegentlich ins Fitnessstudio gehen), versuchen Sie bei Ihrem nächsten Besuch, auf dem Laufband zu laufen, anstatt auf den Fernseher zu schauen. Versuchen Sie, sich auf das Gefühl Ihrer Füße auf dem Laufband zu konzentrieren, während Sie sich bewegen, anstatt einem hämmernden Beat über Ihre Kopfhörer zu lauschen. Konzentrieren Sie sich auf Ihre Atmung und darauf, wie sie sich beschleunigt, wenn Sie auf dem Laufband schneller werden.

Wie übt man nun konkret Achtsamkeitsmeditation? Nun, als Erstes müssen Sie es sich bequem machen. Suchen Sie sich den bequemsten Platz in Ihrem Haus oder setzen Sie sich auf den Boden, wenn Sie das bevorzugen. Lache Sie nicht: Ich kenne einige Menschen, die lieber auf dem Boden als auf einem Stuhl sitzen. Wo auch immer Sie sitzen, Sie müssen Ihren Rücken gerade halten, aber nicht so, dass Sie steif sind. Sie sollten in der Lage sein, entspannt zu bleiben. Der von Ihnen gewählte Platz sollte so ruhig wie möglich sein, da Sie nicht durch Lärm abgelenkt werden wollen. Sie sollten möglichst bequeme Kleidung tragen - nicht zu locker und nicht zu eng, denn Sie wollen nichts, das Sie von Ihrer Meditation ablenkt. Zu Beginn möchten Sie vielleicht sehen, ob Sie fünf Minuten lang vollständig meditieren können, dann versuchen Sie es mit 10 Minuten, dann mit 15 oder 20 Minuten und schließlich mit 30 Minuten.

Konzentrieren Sie sich zu Beginn auf Ihren Atem. Seien Sie sich Ihrer Atmung bewusst. Nehmen Sie das Gefühl wahr, wie sich Ihr Zwerchfell ein- und ausbewegt. Nehmen Sie die Luft wahr, die aus Ihren Nasenlöchern und Ihrem Mund ein- und ausströmt. Vielleicht bemerken Sie sogar den Temperaturabfall, wenn Sie ausatmen, im Vergleich zum Einatmen.

Bei der achtsamen Meditation geht es nicht unbedingt darum, die Gedanken vollständig zu stoppen, sondern sich ihrer bewusst zu sein und sie zu bemerken, wenn sie auftreten. Sie brauchen nicht zu versuchen, sie zu ignorieren oder zu unterdrücken, sondern sie zu bemerken und ruhig zu bleiben, indem Sie Ihre Atmung nutzen, um Ihren Geist davon abzuhalten, mit Ihnen davon zu laufen. Sie sollten jeden Gedanken notieren und ihn loslassen, wie Fabrikprodukte auf einem Fließband. Sie können dies während Ihrer Meditation so oft tun, wie Sie müssen.

Wenn Sie feststellen, dass Ihre Gedanken in verschiedene Richtungen abschweifen und Sie sich ängstlich oder panisch fühlen, dann notieren Sie sich Ihre Gedanken und was den Stress verursacht. Dann kehren Sie zu Ihrer Atmung zurück - tiefe, langsame Atemzüge. Urteilen Sie nicht über sich selbst, wenn das oft passiert. In der modernen Welt gibt es so viele technische Geräte und Spielereien, die uns ablenken. Wir sind es einfach nicht gewohnt, ruhig, präsent und bewusst zu sein, also seien Sie nicht so streng mit sich selbst. Bei der Achtsamkeit geht es vor allem darum, zum Atem zurückzukehren und sich darauf zu konzentrieren, im Moment zu leben.

Wie Sie sehen, können Sie diese Achtsamkeit leicht zu Hause praktizieren. Sie müssen nicht zu einem Therapeuten gehen, um sie durchzuführen. Wenn Sie Schwierigkeiten haben, gibt es tausende von Videos auf YouTube und viele Apps, die Sie herunterladen können, um Ihnen bei Ihren Übungen zu helfen.

## SOMATISCHES ERLEBEN

Peter Levine entwickelte das somatische Erleben (SE) speziell für Menschen, die unter Traumata leiden. Levine wurde inspiriert, als er beobachtete, wie sich Tiere, die oft angegriffen werden, schnell von einem möglichen Angriff erholten. Sie durchliefen einen körperlichen Prozess, um die während der Bedrohung aufgebaute nervöse Energie abzubauen. Levine vertrat die Ansicht, dass Menschen diese körperliche Befreiung nicht haben; das Trauma bleibt in ihren Köpfen und führt zu Gedanken der Angst, Scham und vielen anderen gefährlichen Gefühlen. Die Befreiung, die nach Levines Ansicht von der Natur verlangt wird, tritt beim Menschen nicht sporadisch auf. Somatisches Erleben ist die Antwort darauf - es hilft den Menschen, das erlittene Trauma zu verarbeiten, das sich in ihnen festgesetzt hat (Osadchey, 2018).

Das menschliche Nervensystem tritt in Aktion, wenn wir uns in einer gefährlichen Situation befinden, und entscheidet über unsere Kampf-Flucht-Erstarren-Reaktion. Es tut dies fast instinktiv, ohne dass wir nachdenken müssen. Das Problem ist jedoch, dass das Nervensystem nach einer traumatischen Erfahrung, insbesondere wenn diese Erfahrung verdrängt und nicht verarbeitet wurde, aus dem Ruder laufen kann. Es fängt an, sich so zu verhalten, als ob die Person ständig von Angriffen bedroht wäre - jede Situation wird zu einer potenziell traumatischen Situation. Somatic Experiencing geht davon aus, dass das Verdrängen des Traumas zu den Symptomen führt, die wir häufig beobachten, wie Angst, Scham und Verlegenheit. Wenn dem Körper die Möglichkeit gegeben wird, die traumatische Erfahrung, die er durchgemacht hat, wirklich zu verarbeiten, kommen diese Symptome auf lange Sicht nicht zum Vorschein. Beim somatischen Erleben geht es vor allem darum, den Körper und das Nervensystem dazu zu bringen, sich wieder selbst zu regulieren und Harmonie und Gleichgewicht im Körper zu finden.

Das somatische Erleben konzentriert sich auf die Gefühle und Empfindungen, die im Körper auftreten - sich ihrer bewusst zu werden und sie zu verstehen. Dies kann für viele Menschen ziemlich einschüchternd sein, da sie noch nie auf diese Weise über ihren Körper nachgedacht haben; es kann jedoch sehr lohnend sein. Wenn Sie sich erst einmal an diese Gefühle und Empfindungen gewöhnt haben, können Sie beginnen, sie zu notieren, und wenn sie in Zukunft auftreten, können Sie verhindern, dass Ihr Verstand sie unterdrückt.

Hier kommt die Harmonie zwischen Ihrem Gehirn und Ihrem Körper ins Spiel, um die körperliche Auflösung des Traumas zu ermöglichen, die Sie brauchen, um sich zu heilen.

Wie bei allen somatischen Heiltherapien sind die Forschung und die Erkenntnisse in diesem Bereich noch neu, so dass es keine schlüssigen Beweise gibt. Dennoch gibt es immer mehr wissenschaftliche Belege dafür, dass SE sich positiv auf Menschen auswirkt, die ein Trauma erlitten haben. In einer Studie aus dem Jahr 2017 wurde zwar nur eine kleine Stichprobe von Menschen untersucht, aber es wurde festgestellt, dass SE eine wirksame Behandlung ist, insbesondere für Menschen mit PTBS (Brom et al., 2017).

Hier finden Sie einige unkomplizierte und leicht durchzuführende Übungen zum somatischen Erleben, die Sie zu Hause machen können. Sie sollten damit beginnen, um zu sehen, ob diese Form der Therapie zu Ihnen passt und einen positiven Unterschied macht. Am besten wäre es, wenn Sie versuchen, mindestens eine Minute mit der Übung auszukommen - im Idealfall deutlich länger.

1. Setzen Sie sich in Ihren bequemen Lieblingssessel und nehmen Sie wahr, wie sich alles anfühlt. Denken Sie daran, wie Ihre Füße auf dem Boden stehen; bewegen Sie sie hin und her, bis Sie das Gefühl haben, dass der Boden nur eine Verlängerung Ihrer Füße ist. Denken Sie dann darüber nach, wie sich Ihr Rücken und Ihr Gesäß auf dem Stuhl anfühlen oder wie der Stuhl Sie stützt. Wenn Sie sich im Stuhl nach vorne lehnen, dann lehnen Sie sich zurück und lassen Sie sich vom Stuhl stützen. Zappeln Sie in Ihrem Stuhl

herum, bis Sie Ihre optimale Komfortzone erreicht haben. Nehmen Sie sich etwas Zeit, um die Bequemlichkeit des Stuhls, die Art, wie er Sie stützt, und die Art, wie der Boden Ihre Füße stützt, zu schätzen. Schauen Sie sich im Zimmer und vor dem Fenster um, wenn Sie das brauchen, und suchen Sie nach etwas, das Sie beruhigt und glücklich macht ‑ das kann ein Bild sein, das an der Wand hängt, oder die Wände selbst. Es könnten die Bäume und Sträucher draußen sein; vielleicht zwitschern und spielen die Vögel darin. Vielleicht ist es auch der Teppich auf dem Boden. Was auch immer es sein mag, nehmen Sie sich die Zeit, es zu schätzen und zu genießen und die Gefühle, die es hervorruft. Wenn Sie all dies getan haben, wie fühlen Sie sich dann, sowohl physisch als auch emotional? Wenn Sie sich für diese Übung Zeit nehmen, kann sich Ihr Nervensystem wirklich beruhigen und Ihr Körper und Ihre Gefühle kommen in Einklang.

2. Für die zweite Übung nehmen Sie sich einen Moment Zeit, um alles in sich aufzunehmen ‑ Ihre Umgebung und Ihre Gefühle. Nehmen Sie dann Ihre rechte Hand und legen Sie sie direkt unter Ihre linke Achselhöhle, wobei Sie die Seite Ihrer Brust umfassen. Nehmen Sie nun Ihre linke Hand und legen Sie sie auf Ihren rechten Bizeps, Ihren Ellbogen oder Ihre Schulter ‑ was auch immer Ihnen am leichtesten fällt. Nehmen Sie sich an dieser Stelle etwas Zeit, um darüber nachzudenken, wie Sie sich dabei fühlen. Ist Ihr

Körper kalt oder warm unter Ihren Händen? Ist Ihre Kleidung weich oder hat sie eher einen rauen Stoff? Gibt es sonst noch etwas, das Sie bemerken? Vielleicht spüren Sie Ihren Herzschlag; vielleicht nehmen Sie Ihren Atem wahr. Finden Sie diese Tätigkeit befriedigend? Fühlen Sie sich wohl, wenn Sie Ihre Hände auf diese Weise über Ihren Körper streichen? Achten Sie dann darauf, wie der Rest Ihres Körpers auf diese Art von Berührung reagiert. Versuchen Sie dasselbe mit Ihren Beinen. Vergleichen Sie nun, was Sie in Ihrer Umgebung wahrnehmen und wie sich Ihr Körper anfühlt, mit dem, was Sie zu Beginn der Übung festgestellt haben. In Zeiten der Angst oder des Stresses kann diese Art von Übung Ihrem Körper durch Ihre Berührung etwas Trost und Ruhe zurückbringen.

3. Eine der besten Übungen ist es, sich an eine Zeit zu erinnern, in der jemand Freundlichkeit gezeigt hat. Selbst in der härtesten Welt und im härtesten Leben gibt es mindestens eine Person, die uns irgendwann einmal Freundlichkeit zeigt. Wenn wir Glück haben, sind es sogar mehrere Menschen im Laufe unseres Lebens. Versuchen Sie, sich an die Momente zu erinnern, in denen Ihnen jemand seine Freundlichkeit gezeigt hat. Erinnern Sie sich an die Worte, die derjenige gesagt hat, an die Handgesten, an den Gesichtsausdruck und an alles, was Teil dieser freundlichen Tat war. Während Sie sich an diesen Moment erinnern, achten Sie darauf, wie Ihr Körper auf diese Erinnerung reagiert - alles, was Sie sehen, hören und fühlen. Es ist fast

so, als ob Sie sich selbst in die Vergangenheit
zurückversetzt hätten, genau in diesen Moment.
Vergleichen Sie nun, was Sie damals gefühlt haben
mit dem, was Sie jetzt fühlen, wenn Sie sich an das
Erlebnis erinnern. Wenn bei dieser Erinnerung
auch negative Erinnerungen auftauchen, versuchen
Sie, diese in einen imaginären Ordner zu legen und
sich nur auf die Erinnerung an die freundliche Tat
zu konzentrieren. Notieren Sie am Ende der
Übung, wie Sie sich jetzt fühlen, wie sich Ihr
Körper anfühlt und wie Sie Ihre Umgebung
wahrnehmen. Dies ist eine ausgezeichnete
Methode, um sich selbst zu beruhigen und sich
daran zu erinnern, dass nicht jeder es auf Sie
abgesehen hat. Sie müssen sich nicht von jedem
gestresst fühlen, mit dem Sie in Kontakt kommen;
es gibt freundliche Menschen, die bereit sind,
freundlich zu Ihnen zu sein.

4. Wie zu Beginn der meisten dieser Übungen,
nehmen Sie zunächst Ihre Umgebung und Ihre
allgemeinen Gefühle und Emotionen wahr.
Versuchen Sie dann, sich innerhalb der letzten 24
Stunden (oder bei Bedarf auch länger) daran zu
erinnern, wann Sie sich das letzte Mal wirklich wie
Sie selbst oder die Person, die Sie sein möchten,
gefühlt haben. Erinnern Sie sich an diesen
Moment so detailliert wie möglich – fast so, als ob
Sie ihn noch einmal erleben würden. Notieren Sie,
was Sie in diesem Moment gefühlt haben und was
Sie mit Ihren fünf Sinnen wahrgenommen haben.
Erinnern Sie sich dann noch einmal daran, wann

Sie das letzte Mal so waren wie Sie selbst oder wie die Person, die Sie sein wollen, aber diesmal innerhalb der letzten paar Wochen. Versuchen Sie wieder, sich so viele Details wie möglich ins Gedächtnis zu rufen, als ob Sie es noch einmal durchleben würden, und notieren Sie, wie sich Ihr Körper in diesem Moment gefühlt hat. Am Ende der Übung können Sie wie üblich feststellen, wie Sie sich in Bezug auf Ihre Umgebung, Ihre allgemeinen Gefühle und Emotionen im Vergleich zum Beginn der Übung fühlen. Diese Übung ist gut geeignet, um Sie zu sich selbst zurückzubringen, weg von all der Verwirrung und dem Wahnsinn, den Sie manchmal in der Welt spüren.

5. Diese Übung beinhaltet einige Stimmgeräusche, daher ist es ratsam, sich an einen Ort zu begeben, an dem man wirklich allein ist, bevor man diese Übung durchführt. Wie immer sollten Sie zunächst Ihre Umgebung und Ihre allgemeinen Emotionen und Gefühle wahrnehmen. Stellen Sie sich dann vor, was für ein Geräusch ein Nebelhorn macht. Atmen Sie ganz tief ein und versuchen Sie, den Klang eines Nebelhorns zu erzeugen. Der Ton muss so tief sein, dass Sie ihn in Ihrem Körper nachklingen lassen können. Achten Sie darauf, wie weit Sie den Ton in Ihrem Körper spüren können - vielleicht sogar bis in die Tiefe Ihres Bauches und möglicherweise bis zu Ihren Oberschenkeln. Wenn Sie spüren, dass der Klang endet (er wird oft als "voo"-Geräusch beschrieben), dann lassen Sie den

nächsten Atemzug ganz natürlich erfolgen. Sie können sich Zeit lassen; es gibt keinen Grund, den Atem zu beschleunigen. Wenn Sie sich wohl und in Harmonie fühlen, dann bleiben Sie bei diesem Gefühl. Für manche Menschen kann der Nebelhornklang jedoch eine beunruhigende Wirkung haben. Wenn das bei Ihnen der Fall ist, gehen Sie zu einer der anderen Übungen zurück, um Ihr Gefühl der Harmonie wiederzuerlangen. Wenn Sie den Klang des Nebelhorns als beruhigend empfunden haben, versuchen Sie es noch einmal. Fühlen Sie sich dann noch mehr getröstet und in Harmonie? Ich würde allerdings nicht empfehlen, den Klang mehr als dreimal zu wiederholen. Wie am Ende der anderen Übungen die Frage, wie fühlen Sie sich jetzt? Vergleichen Sie es mit dem Gefühl, das Sie zu Beginn der Übung hatten. Dies kann eine ausgezeichnete Übung sein, um die Körpermitte zu beruhigen. Da der Klang um Ihren Körper herum widerhallt, kann dies dazu beitragen, dass sich die Muskeln entspannen und etwaige Verspannungen gelöst werden.

## ❦ 3 ❦

# DIE HEILENDE KRAFT DES ATEMS - SOMATISCHE ATEMARBEIT

Wir alle halten das Atmen für selbstverständlich. Es ist einfach so, dass wir gar nicht darüber nachdenken müssen, aber das ist ein Teil des Problems. Wir atmen nicht so tief, wie wir sollten; unsere Zwerchfelle verkrampfen sich und sind nicht entspannt. Indem wir uns auf die Atmung konzentrieren, sorgen wir für uns selbst, sowohl körperlich als auch geistig. Wir können unsere Atmung kontrollieren; wir atmen in der Geschwindigkeit, die wir wählen. Wenn wir atmen, haben wir auch die Möglichkeit, uns unseres Körpers und seiner Gefühle bewusst zu werden.

Man geht davon aus, dass die Atmung einen erheblichen Einfluss auf den Blutdruck, die Herzfrequenz und die Fähigkeit der Arterien hat, das Blut durch sie hindurchfließen zu lassen. Kein Wunder, dass unsere Atmung eines der ersten Dinge ist, das außer Kontrolle gerät, wenn wir ängstlich oder gestresst sind. Es wird auch angenommen, dass tiefes Atmen zu einer viel besseren Stimmung führen kann. Es wurde auch berichtet, dass man besser schläft und seltener in der Nacht aufwacht. Es kommt allerdings darauf an, ob man nur hier und da eine Minute tief atmet oder ob man jeden Tag 30 Minuten lang tief atmet. Die Ergebnisse zur Senkung des Blutdrucks waren bei denjenigen, die sich an die Regeln halten konnten, auch noch einen Monat später erfolgreich. Es ist vielleicht einleuchtend, aber wenn man mehr Sauerstoff einatmet, wird der Sauerstoff durch die Blutzellen und das Nervengewebe transportiert. Bei denjenigen, die an der Tiefenatmung teilnahmen, wurde berichtet, dass die Sauerstoffverwertung um 37 % zunahm (Hadley, 2017). Eine Studie aus dem Jahr 2017 ergab außerdem, dass der Blutdruck bei Menschen mit Bluthochdruck durch tiefe Atmung gesenkt werden konnte (Janet & Gowri, 2017). Eine Studie aus dem Jahr 2019 untermauert die Theorie, dass langsames, tiefes Atmen ein besseres Mittel zur Bekämpfung von Schlaflosigkeit ist als Hypnose oder einige pharmazeutische Optionen (Jerath et al., 2019).

Wie bei jeder somatischen Therapie geht es auch bei der somatischen Atmung darum, unseren Körper und seine Funktionsweise wahrzunehmen. Es geht darum, auf das Gefühl zu achten, wie sich der Magen und der Bauch beim Ein- und Ausatmen zusammenziehen, sowie auf den Rippenbereich und den Brustkorb beim Atmen. Durch die somatische Atmung wird man sich auch des Kiefers, des Rachens, des Zwerchfells und der Schultern in der Bewegung der Atmung viel bewusster. Wenn wir uns auf unsere Atmung und auf das, was unser Körper tut, konzentrieren, hören wir auf, dass unser Verstand mit all seinen Bedenken und Sorgen davonrennt. Wir beginnen, wirklich im gegenwärtigen Moment zu leben und halten inne, um an den Rosen zu riechen - oder das Aroma einzuatmen.

Sie können die somatische Atmung im Sitzen oder auf dem Rücken liegend durchführen. Sie sind sich der Atemzüge, die Sie machen, bewusst. Dies ist nicht dasselbe wie die normale, unwillkürliche Atmung, die ohne dass man darüber nachdenkt erfolgt. Es gibt keine Unterbrechung zwischen Ein- und Ausatmung, und die Atmung kann durch die Nase oder den Mund erfolgen. Diese Art der Atmung sollte es Ihnen ermöglichen, einen Teil der körperlichen Anspannung loszulassen. Wenn Sie lernen, mit dem Zwerchfell zu atmen und sich beim Ausatmen zu entspannen, dann hat dies das Potenzial, viel tiefere Gefühle und Emotionen zu lösen. Auf die Zwerchfellatmung werde ich später in diesem Kapitel eingehen.

Obwohl die somatische Atmung für Menschen, die an PTBS leiden, hilfreich sein kann, kann die Atmung einer der Auslöser für PTBS-Symptome sein. Wenn Sie an einer PTBS leiden und mit dem Gedanken spielen, Atemarbeit zu erproben, müssen Sie besonders vorsichtig sein und daran denken, dass dies auf Ihr eigenes Risiko geschieht und Sie für Ihre eigene Gesundheit und Ihr Wohlbefinden verantwortlich sind. Wenn Sie jemals Zweifel haben, sollten Sie die Hilfe eines Arztes in Anspruch nehmen.

Hier ist eine einfache Atemübung, die Sie durchführen können:

- Atmen Sie normal ein. Sie sollten sich bewusst werden, dass Sie einen tieferen Atemzug nehmen wollen, wie wenn Sie seufzen.
- Ausatmen. Dies sollte für sechs bis acht Sekunden sein, und Sie fast vollständig ausatmen.

- Halten Sie sanft still, so dass Sie Ihren Atem anhalten.

- Konzentrieren Sie sich jetzt darauf, wie es sich anfühlt, einen weiteren Atemzug nehmen zu müssen. Wie sich dieses Gefühl körperlich anfühlt und wo Sie es in Ihrem Körper spüren. Verweilen Sie einen Moment bei diesen Empfindungen und Gefühlen.

- Je mehr Interesse Sie an diesen Gefühlen und Empfindungen arbeiten, desto mehr werden Sie feststellen, dass Sie den Atem anhalten können.

- Wenn Sie das Bedürfnis haben, wieder einzuatmen, nehmen Sie das Gefühl wahr, das Sie dabei empfinden, und merken Sie, dass Sie ihm nachgeben oder den Atem noch ein paar Sekunden lang anhalten können. Dann atmen Sie wieder ein, wenn Sie es wollen. Auf diese Weise kontrollieren Sie jetzt Ihre Atmung - nicht Ihr Unterbewusstsein.

- Wiederholen Sie diese Übung fünf Minuten lang.

Vielleicht haben Sie schon einmal vom Zwerchfell gehört, aber wahrscheinlich achten Sie nicht darauf und wissen nicht genau, was oder wo es ist. Das Zwerchfell ist ein großer Muskel, der sich direkt unter der Lunge befindet und dafür sorgt, dass die Luft in die Lunge hinein- und aus ihr herausströmt. Tatsächlich wird das Zwerchfell bei 80 % der Atmung eingesetzt. Die Atmung ist viel effizienter, wenn das Zwerchfell eingesetzt wird, als wenn zusätzliche Muskeln verwendet werden (Diaphragmatic Breathing Exercises, n.d.). Beim Einatmen zieht sich das Zwerchfell zusammen und zeigt nach unten, während sich das Zwerchfell beim Ausatmen lockert und nach oben zeigt, um die Luft aus der Lunge zu drücken. Wenn man bedenkt, dass der durchschnittliche Mensch 23.000 Atemzüge pro Tag macht, was acht Millionen Züge pro Jahr entspricht, wird deutlich, wie wichtig das Zwerchfell als Muskel ist (Diaphragmatic Breathing: Everything, n.d.).

Wenn wir ohne nachzudenken atmen, nutzen wir nur selten die volle Leistungsfähigkeit der Lunge und werden als Flachatmung bezeichnet. Die Zwerchfellatmung hingegen nutzt die tiefe Atmung, um diese Fähigkeit voll auszuschöpfen. Manchmal wird sie auch als "Bauchatmung" bezeichnet. Das liegt daran, dass bei jedem Atemzug der Magen und die Bauchmuskeln sowie das Zwerchfell voll eingesetzt werden. Dabei wird das Zwerchfell beim Einatmen bewusst nach unten bewegt, so dass sich die Lunge viel effizienter mit Luft füllt. Man sollte merken, dass sich der Magen auf und ab bewegt; man sollte spüren, wie der Magen angespannt wird und sich entspannt, anstatt ihn nur in Brust und Schultern zu spüren, wie es bei der flachen Atmung der Fall ist.

Wenn Sie überprüfen wollen, ob Sie eher mit dem Zwerchfell oder mit der Brust atmen, legen Sie Ihre rechte Hand auf die Brust und Ihre linke Hand auf den Bauch und atmen Sie. Wenn sich Ihre rechte Hand zuerst hebt, atmen Sie mit der Brust. Wenn sich die linke Hand zuerst hebt, benutzen Sie Ihr Zwerchfell. Ich habe festgestellt, dass sich meine rechte Hand zuerst hebt, wenn ich zu Hause über meinen Schreibtisch gebeugt am Laptop sitze und diesen Test mache. Wenn ich aufrecht in meinem Stuhl sitze, hebt sich die linke Hand zuerst. Ärzte und Wissenschaftler sind besorgt darüber, wie viel Zeit die Menschen in einer schlechten Sitzhaltung verbringen. Sie führt zu Symptomen wie einem schlechten Rücken und verursacht eine flache Atmung. Dadurch gelangt nicht genügend Sauerstoff in den Körper. Kein Wunder, dass mir nach einer Weile etwas schwindelig wird, wenn ich vor meinem Computer hocke.

Sie brauchen die Zwerchfellatmung nur bis zu 10 Minuten lang zu üben, und das idealerweise drei- bis viermal über den Tag verteilt. Sie sollten in der Lage sein, zu Hause einen Moment zu finden, in dem Sie sich hinlegen und Ihre Atmung üben können. Versuchen Sie, einen Ort zu finden, der frei von Ablenkungen ist, also halten Sie sich vom Fernseher fern und lassen Sie Ihr Smartphone in einem anderen Raum. Lassen Sie auch Ihren Partner, Ihre Kinder und Ihre Haustiere in einem separaten Raum. Stellen Sie sicher, dass Sie bei der Durchführung Ihrer Atemübungen nicht gestört werden. Wie bei allen somatischen Techniken sollten Sie sich auf das konzentrieren, was Ihr Körper fühlt, während Sie Ihre Atmung erleben.

Wenn Sie es für sinnvoll halten, können Sie sich einen Wecker stellen, um zu wissen, wann Sie eine Pause machen und Ihre Übungen durchführen müssen. Es ist oft nützlich, sich daran zu erinnern, dass man immer atmet. Es ist also nicht so, dass man etwas tun muss; man tut es bereits - man muss sich nur konzentrieren und es wahrnehmen.

Es gibt viele verschiedene Versionen der Zwerchfellatmung, aber um die einfachste Version auszuführen, müssen Sie Folgendes tun:

- Suchen Sie sich eine ebene Fläche, auf die Sie sich legen können. Ich denke, für die meisten Menschen ist das wahrscheinlich der Boden. Legen Sie ein Kissen oder eine Unterlage unter Ihren

Kopf und unter Ihre Knie. Kissen und Polster sind nicht unbedingt erforderlich, aber wenn Sie sie haben, sollten Sie sie verwenden, da sie dazu beitragen, Ihren Körper in einer möglichst bequemen Position zu halten.

- Führen Sie eine Hand im mittleren Bereich Ihrer Brust nach oben.
- Legen Sie die andere Hand auf den Bauch, direkt unterhalb des Brustkorbs, aber oberhalb des Zwerchfells.
- Atmen Sie nur durch die Nasenlöcher ein und ziehen Sie die Luft nach unten in Richtung Bauch. Der Bauch sollte sich gegen den Widerstand Ihrer Hand nach oben bewegen, während die Bewegung Ihres Brustkorbs begrenzt sein sollte.
- Atmen Sie durch den Mund aus, aber öffnen Sie den Mund nicht vollständig. Halten Sie Ihre Lippen fest zusammen. Ihr Magen sollte sich entspannen und wieder einziehen, und auch hier sollte sich Ihr Brustkorb nicht bewegen.

Wie alles, was neu ist, kann sich auch die Zwerchfellatmung anfangs seltsam anfühlen oder als harte Arbeit erscheinen. Aber wie bei allem im Leben gilt auch hier: Je mehr Sie üben, desto leichter wird es. Vielleicht möchten Sie bei jedem Atemzug Zahlen in Ihrem Kopf zählen. Manchmal kann dies helfen, sich weiter zu entspannen und zu wissen, wie viele Atemzüge Sie bereits gemacht haben. Es kann auch dazu beitragen, dass Sie sich nicht zu leicht ablenken lassen.

Wenn Sie das Gefühl haben, dass Sie diese Übung im Liegen beherrschen, können Sie sie im Sitzen oder sogar im

Stehen üben. Das erweitert Ihre Möglichkeiten, wann und wo Sie sie üben können. Das bedeutet, dass Sie es sogar am Schreibtisch bei der Arbeit, in einer Warteschlange, vor dem Fernseher, im Bus oder an jedem anderen Ort, den Sie sich vorstellen können, üben können. Sobald Sie erfolgreich im Sitzen und im Stehen üben können, eröffnet sich Ihnen eine ganz neue Welt der Möglichkeiten und Chancen, Ihre Übungen durchzuführen. Achten Sie darauf, dass sich Ihr Kopf, Ihr Nacken und Ihre Schultern beim Sitzen oder Stehen so wenig wie möglich bewegen, wenn Sie dazu übergehen. Seien Sie nicht zu hart zu sich selbst, wenn die Dinge nicht ganz so laufen, wie Sie gehofft haben, oder die Atmung nicht zu funktionieren scheint. Das ist Übung. Je mehr Sie es tun und sich daran gewöhnen, desto besser werden Sie werden und sich wohlfühlen. Niemand sonst beurteilt Sie, also beurteilen Sie sich auch nicht selbst. Sie werden es mit viel Übung schaffen. Sie müssen es auch weiterhin regelmäßig tun. Ihr Körper hat ein Gedächtnis wie ein Goldfisch und nicht wie ein Elefant, wenn es um die Zwerchfellatmung geht, er wird sich also nicht daran erinnern, wann Sie sie in der Vergangenheit gemacht haben. Sie müssen regelmäßig üben, damit es Wirkung zeigt.

Warum sollten Sie Zwerchfellatmung üben? Nun, zunächst einmal ist das Zwerchfell ein Muskel, so dass Sie diesen Muskel allein durch diese Übung stärken. Allein deshalb lohnt sich die Übung, aber zu den weiteren genannten Vorteilen gehören die Stärkung der Körpermitte und die Senkung von Herzfrequenz und Blutdruck (Johnson, 2020).

Das Tolle an der Zwerchfellatmung ist, dass es immer mehr Belege dafür gibt, dass sie Stress und Ängste positiv beeinflussen kann. In einer Studie aus dem Jahr 2017 wurde festgestellt, dass die Zwerchfellatmung die Stresshormone im Körper reduziert und somit möglicherweise auch die Stress- und Angstgefühle einer Person verringert (Ma et al., 2017). Dies wurde durch eine 2019 durchgeführte Überprüfung von Studien und Beweisen weiter untermauert, die zu dem Schluss kam, dass die Zwerchfellatmung als Instrument zur Stressreduzierung eingesetzt werden kann (Hopper et al., 2019).

Nehmen wir jedoch an, jemand mit Angstzuständen versucht die Zwerchfellatmung und stellt fest, dass sie nicht funktioniert. In diesem Fall kann es die Angst noch verstärken. Lassen Sie sich daher immer von einem Arzt beraten, bevor Sie mit dieser Art von Übungen beginnen.

# 4

# SICH SELBST STÄRKEN, INDEM MAN PTSD UND BINDUNGSTRAUMA VERSTEHT

Eine posttraumatische Belastungsstörung (PTSD) kann bei Personen auftreten, die ein traumatisches Ereignis erlebt haben oder daran beteiligt waren. Eine PTBS tritt in der Regel auf, wenn Menschen wirklich schreckliche Ereignisse erlebt haben und nicht nur kleinere traumatische Ereignisse. Nur weil jemand ein Trauma erlebt hat, heißt das noch lange nicht, dass er auch eine PTBS entwickelt: Das hängt von der jeweiligen Person ab. Zu den Symptomen einer PTBS können Rückblenden, die Unfähigkeit, an etwas anderes als das Ereignis zu denken, und sehr starke Angstzustände gehören. Manchmal treten diese Symptome innerhalb eines Monats nach dem Ereignis auf, manchmal erst mehrere Jahre später.

Die komplexe posttraumatische Belastungsstörung (CPTSD) lässt sich am besten dadurch erklären, dass ein an PTBS Erkrankter nach einem traumatischen Ereignis zusätzliche Symptome zeigt. Es kann Ihnen schwer fallen, Ihre Emotionen unter Kontrolle zu halten; Sie können sehr wütend auf die Welt sein; es kann Ihnen schwer fallen, irgendjemandem oder irgendetwas zu vertrauen; Sie können das Gefühl haben, dass Ihnen etwas fehlt oder dass Sie nichts wert sind und dass niemand auf der Welt Sie oder Ihre Gefühle verstehen könnte. All dies kann dazu führen, dass Sie sich von Beziehungen oder Freundschaften distanzieren, und es kann zu körperlichen Schmerzen führen, einschließlich Kopfschmerzen und Schmerzen in der Brust. Bei der komplexen PTBS gibt es Flashbacks wie bei der PTBS, aber es sind eher emotionale Flashbacks, bei denen Sie nicht nur das Ereignis selbst, sondern auch alle Gefühle, die Sie damals empfunden haben, erneut erleben. Sie zeigen diese Gefühle dann in der Gegenwart, obwohl der Flashback diese Emotionen auslöst.

Ein Bindungstrauma, das schon früh im Leben eines Kindes auftritt, meist durch Vernachlässigung und Missbrauch, kann auch durch die Trennung von einer Bezugsperson aufgrund von medizinischen Problemen oder Tod entstehen. Es ist nicht immer so, dass ein Bindungstrauma sofort auf die Eltern zurückgeführt wird und die Eltern schuld am Trauma sind. Ein Trauma kann aus vielen verschiedenen Richtungen und von vielen verschiedenen Personen kommen, das sollten wir berücksichtigen. Da wir uns vor dem vierten oder fünften Lebensjahr nicht erinnern können, denken wir, dass wir uns nicht an die traumatischen Ereignisse erinnern können. Unser Gehirn und unser Körper haben sich jedoch daran erinnert, auch wenn unser Gedächtnis dies nicht kann. Diese Gefühle und Emotionen können dann später im Leben auftreten. Das Trauma äußert sich in der Regel durch Angst vor Beziehungen, ein ständiges Gefühl der Scham oder das Gefühl, der Liebe eines anderen unwürdig zu sein. Da sich die Person möglicherweise nicht mehr daran erinnern kann, warum dies geschehen ist, kann die Behandlung dieses Traumas sehr viel schwieriger sein als bei anderen Traumata.

Wie ich bereits angedeutet habe, entwickeln nicht alle Menschen aufgrund traumatischer Ereignisse eine PTSD, CPTSD oder ein Bindungstrauma. Manche erleiden nur ein geringes Trauma, andere gar keins, obwohl schätzungsweise 70 % der Erwachsenen in Amerika irgendwann in ihrem Leben ein traumatisches Ereignis erlebt haben (Eckelkamp, 2019). Trauma ist nicht nur etwas, das anderen Menschen widerfährt; wir alle werden wahrscheinlich in unserem Leben damit konfrontiert. Sogar allgemeine Traumata müssen behandelt werden, da sie sonst zu psychischen und physischen Problemen führen können. Ein Trauma kann als solches definiert werden, was dazu führt, dass wir in einem körperlichen, emotionalen oder Verhaltensmuster feststecken (Cutler, n.d.). Die Verarbeitung und Überwindung des Traumas wird oft unterbrochen, so dass das Trauma in unserem Körper gespeichert bleibt und wir es nie wirklich loslassen können. Ein gespeichertes Trauma kann oft zu körperlichen Schmerzen und den damit einhergehenden psychischen Qualen führen.

Hier kommen somatische Heilung und Therapie ins Spiel. Dinge wie tiefe Atmung, somatisches Erleben und Bewegung können dabei helfen, das festsitzende Trauma in Ihrem Körper zu lösen, indem Sie sanft und langsam beginnen, die Spannungen loszulassen. Vielleicht erlauben diese Methoden Ihrem Gehirn, Dinge zu verarbeiten, die Sie lange Zeit in den "Papierkorb" Ihres Gehirns verbannt hatten.

Es ist ein trauriger Kreislauf, dass Behinderungen und chronische Krankheiten kurz- und langfristige Traumata verursachen können, und dass diejenigen, die ein Trauma erleiden, wenn sie nicht richtig behandelt werden, schließlich körperliche Beschwerden und Symptome entwickeln. Daher kann jemand, der eine chronische Krankheit entwickelt, dadurch auch traumatisiert werden, was wiederum, wenn er nicht in der Lage ist, dieses Trauma zu lösen, dazu führen kann, dass er sich noch kränker fühlt und weitere körperliche Schmerzen entwickelt.

Wenn bei einem Menschen eine Behinderung oder eine chronische Krankheit diagnostiziert wird, kann dies ein sehr traumatisches Ereignis sein. Alle Arten von überwältigenden Gefühlen gehen wahrscheinlich durch eine Person hindurch, und weil die Leute anfangen, über die Behandlung oder die nächsten Schritte zu sprechen, hat die Person nicht immer die Möglichkeit, dieses Trauma zu verarbeiten. Es ist eine besorgniserregende Schätzung, dass zwischen 12 % und 25 % der Menschen, die an einer lebensbedrohlichen Krankheit leiden, später eine PTBS entwickeln (Virant, 2019). Es ist nicht verwunderlich, dass Menschen, die solche Erfahrungen machen, oft Angst vor Krankenhäusern oder Ärzten entwickeln. Besonders besorgniserregend ist, dass sich daraus ein völliges Misstrauen gegenüber Ärzten und der Wunsch entwickeln können, nichts mit der Krankheit zu tun haben zu wollen. Der Betroffene beginnt beispielsweise, die Einnahme seiner Medikamente zu "vergessen" oder sie erscheinen nicht zu Terminen. Eine Behinderung und eine chronische Krankheit führen oft dazu, dass ein Mensch seinen Platz in der Welt und das, was er immer für wahr gehalten hat, in Frage stellt. Sie bringen sie dazu, über den Tod nachzudenken, darüber, wie verletzlich wir alle sind und wie hilflos wir glauben, dass wir sein könnten. Es ist nicht verwunderlich, dass

Menschen mit Krankheiten und Behinderungen Traumata entwickeln, wenn sie solche Emotionen und Erfahrungen durchleben müssen.

Wie ich bereits zu Beginn meiner Ausführungen über CPTSD erwähnt habe, gehören Beziehungen nur allzu oft zu den Dingen, die von Menschen mit Trauma schwer beeinträchtigt werden. Es ist verständlich, dass es einer Person, die unter einem Trauma leidet, schwerfällt, dauerhafte Beziehungen einzugehen. Sie haben vielleicht das Gefühl, dass hinter jeder Ecke Gefahr lauert, und es kann außerordentlich schwierig sein, neuen oder alten Freunden zu vertrauen. Die Wut, die eine Person empfindet, weil sie die Kontrolle über ihr Leben verloren zu haben glaubt, oder die Hilflosigkeit, die sie empfindet, kann mit chronischen Krankheiten zusammenhängen. Dies kann dazu führen, dass der Betroffene auf die ihm nahestehenden Personen einprügelt. Die Person fühlt sich von allen bedroht und schlägt deshalb um sich, was zu einem Verteidigungsmechanismus wird. Sie können Sie nicht verletzen, wenn Sie sie zuerst verletzt.

Je nach Art des Traumas und der traumatischen Erfahrung kann man sich schämen, sich der Liebe eines anderen nicht würdig fühlen oder sich ganz und gar nicht liebenswert fühlen. Vielleicht fühlen sie sich sogar schuldig an dem, was passiert ist, und glauben, dass das Ereignis irgendwie ihre Schuld war oder dass sie es verdient haben, anstatt zu erkennen, dass die Schuld bei dem Täter oder der Täterin liegt. Nach solchen traumatischen Ereignissen glaubt die Person, dass niemand sonst sie verstehen kann, so dass sie die Belastung allein durchsteht und sich nicht mit den Menschen, die ihr am nächsten stehen, austauscht. Obwohl die folgenden Berichte fiktiv sind, werde ich sie als Beispiele verwenden.

Ich habe keinen Zweifel daran, dass die Autoren gründlich über Traumaüberlebende recherchiert haben, um sicherzustellen, dass sich ihre Figuren authentisch verhalten. Das erste Beispiel ist ein Handlungsstrang aus einer beliebten modernen Fernsehserie. In einem Beispiel ist die Figur June endlich aus Gilead, wo sie all ihre traumatischen Erfahrungen gemacht hat, nach Kanada geflohen. Sie scheint kaum in der Lage zu sein, ihre Erlebnisse mit jemandem zu teilen. Doch die Person, mit der sie definitiv nicht in der Lage zu sein scheint, ihre Erlebnisse zu teilen, ist ihr Ehemann, der in Kanada war, während sie in Gilead war (Miller et al., 2017-present). Ein weiteres Beispiel stammt aus einer berühmten australischen Seifenoper, in der eine der Figuren, Marilyn, ein gemeinsames traumatisches Ereignis mit anderen Figuren, aber nicht mit ihrem Ehemann, durchlebt. Nach diesem Ereignis hat sie das Gefühl, dass die einzige Person, mit der sie darüber sprechen kann, eine der anderen Figuren ist, die das Gleiche erlebt hat. Sie distanziert sich immer mehr von ihrem Mann, von dem sie das Gefühl hat, dass er nicht verstehen kann, was sie durchgemacht hat oder was sie fühlt, was schließlich in der Scheidung gipfelt - auch wenn das nicht der einzige Grund für die Scheidung ist (Holmes & McGauran, 1988-present). Diese beiden fiktiven Beispiele verdeutlichen sehr gut, welche Art von Gefühlen und Emotionen eine Person, die ein Trauma erlebt hat, zeigen kann. Sie zeigen, wie sich ein Trauma auf die Beziehungen zu den Menschen auswirken kann, die ihnen am nächsten stehen.

Darüber hinaus kann es dazu führen, dass sich die Person, die ein Trauma erlebt hat, letztlich selbst isoliert. Traurigerweise ist das im derzeitigen pandemischen Klima etwas, was wir alle tun. Diejenigen, die ein Trauma erlitten haben, tun dies jedoch absichtlich - sie gehen auf Distanz zu ihren Partnern, Freunden, Familien und Kollegen und distanzieren sich vielleicht sogar vom Leben selbst. Sie machen einen Ablösungsprozess durch und haben möglicherweise keine Gefühle mehr für irgendetwas - sie werden fast gefühllos gegenüber allem, was sie umgibt. Einige Betroffene werden hochgradig ängstlich und zeigen jedes Mal Traumasymptome, wenn die Möglichkeit besteht, dass sie zurückgewiesen werden - beispielsweise von einem potenziellen Partner. Bei anderen kann es umgekehrt sein, dass sie von jemandem völlig abhängig werden oder sich übermäßig um ihre Angehörigen kümmern. Wenn Kinder betroffen sind, kann sich dies auf das Leben des Kindes auswirken, da es nichts tun darf, was ihm auch nur das geringste Leid zufügen könnte. Das gilt für so ziemlich alles und jeden. Morgens aus dem Bett zu steigen ist ein Risiko. Es gibt nichts im Leben, was nicht mit Risiken verbunden ist, und so kann es problematisch werden, wenn sich das Trauma eines Elternteils auf diese Weise manifestiert. Für manche Menschen kann es extrem schwierig sein, irgendeine Art von körperlicher Beziehung zu haben, sich in intime Situationen zu begeben oder sexuelle Beziehungen als befriedigend zu empfinden. All diese Gefühle, Emotionen und Verhaltensweisen, die ich beschrieben habe, können verwirrend und beunruhigend sein, aber es sind ganz normale Vorgänge, die man denkt und fühlt, wenn man ein Trauma erlebt hat. Sie sollten sich nicht weiter geißeln. Es ist verständlich, dass ein Trauma zu solchen Problemen führen kann; Sie sollten sich nicht schlechter fühlen, weil Sie Ihre Beziehung nicht zum Laufen bringen können, nachdem Sie ein Trauma erlebt haben.

## DIE REAKTION "KAMPF, FLUCHT, ERSTARREN ODER FEIGHEIT

Die Reaktionen Kampf, Flucht, Erstarren oder Feigheit sind unsere Reaktionen, wenn wir auf etwas stoßen, das wir für eine Bedrohung oder eine Gefahr für uns halten. Wir tun dies automatisch und unbewusst, ohne überhaupt darüber nachzudenken. Flucht, und Erstarren sind bekannte Reaktionen, aber auch die Feigheit ist eine mögliche Reaktion.

Flucht ist unser Wunsch, wegzulaufen oder vor der Situation zu fliehen, die uns in Gefahr bringt. Dies ist eine völlig akzeptable Reaktion und keineswegs feige, wie manche mutige Menschen es vielleicht sehen. Wenn man in einem brennenden Gebäude festsitzt, ist es schließlich die beste Reaktion, sich aus dem Staub zu machen. Zu den Anzeichen dafür, dass Sie sich im Fluchtmodus befinden, gehören folgende:

- Ihre Beine fühlen sich sehr zappelig oder unruhig an.
- Ihre Finger, Zehen, Ohren und Nase (oder eine beliebige Kombination davon) werden taub.
- Ihre Augen bewegen sich viel oder sind geweitet.
- Ihre Muskeln und Ihr Körper spannen sich an.
- Sie fühlen sich wie ein Gefangener und sitzen in der Falle.

Kämpfen ist genau das, was der Begriff suggeriert: Es ist eine aggressive Reaktion auf die Situation. Einige Anzeichen dafür, dass Sie sich in einem "Kampf"-Modus befinden, sind die folgenden:

- Sie brechen in Tränen aus.
- Sie haben ein überwältigendes Verlangen, etwas oder jemanden zu schlagen.
- Sie knirschen mit den Zähnen oder spüren, wie sich Ihr Kiefer anspannt.
- Sie möchten mit den Füßen aufstampfen oder gegen etwas oder jemanden treten.
- Sie spüren ein tiefes, brennendes Gefühl der Wut.
- Sie stellen sich die Möglichkeit vor, jemanden zu verletzen - möglicherweise sogar sich selbst.
- Sie spüren Schmerzen oder ein brennendes Gefühl in der Magengrube.

Im Kampfmodus greifen Sie normalerweise die Quelle der Gefahr an. Das kann eine sehr nützliche Reaktion sein, es sei denn, die Quelle, die Sie angreifen, kann Ihnen viel mehr Schaden zufügen als Sie ihr.

Die Erstarrungsreaktion lässt sich am besten damit erklären, dass man angesichts der Gefahr nicht mehr in der Lage ist, etwas zu tun und buchstäblich erstarrt. Es ist wie die Redewendung, wenn ein "Reh im Scheinwerferlicht" gefangen ist. Wenn ein Reh mitten auf der Autobahn steht und ein Auto auf sich zukommen sieht, erstarrt es, und das Auto weicht entweder aus, oder das Reh wird leider angefahren. Vielleicht ist Ihnen das sogar schon einmal passiert: Ich weiß, dass ich es getan habe. Ich bin auf die Straße getreten, ohne aufzupassen, und als ich das Auto auf mich zukommen sehe, anstatt von der Straße wegzulaufen, erstarre ich einfach und überlebe nur, weil der Fahrer das Auto rechtzeitig anhält. Einige Anzeichen dafür, dass Sie in eine Erstarrungsreaktion verfallen sind, sind die folgenden:

- Ihr Körper fühlt sich kalt an.
- Ihr Körper fühlt sich taub an.
- Sie werden sehr weiß - vor allem im Gesicht.
- Ihre Beine fühlen sich wie Blei an, und es ist schwierig, Ihren Körper zu bewegen.
- Sie fühlen sich sehr nervös und ängstlich.
- Ihre Herzfrequenz sinkt, und Sie können das Schlagen des Herzens spüren.

Aber was ist mit der Kitzreaktion? Das ist eine viel weniger bekannte Reaktion. Bei dieser Reaktion unternehmen wir alles oder tun alles, um die Situation zu beschwichtigen. Dies kann besonders bei Menschen vorkommen, die in ihrer Kindheit ein Trauma erlitten haben. Wahrscheinlich gab es in ihrem Leben jemanden, dem sie alles sagen würden, nur um das traumatische Szenario zu vermeiden, das eintreten würde, wenn sie es nicht täten. Dieses Verhalten wird dann oft bis ins Erwachsenenalter fortgesetzt, und die Person könnte sich dadurch in ungesunde Beziehungen und Situationen begeben.

Da die Angstreaktion oft schon in der Kindheit auftritt, kann es für eine Person schwierig sein, zu erkennen, was passiert, wenn es sich um einen Erwachsenen handelt. Daher ist es ihre Standardreaktion auf gefährliche Situationen. Es gibt jedoch einige unmissverständliche Signale, die Sie (oder jemand anderes) mit der Kitz-Reaktion zeigen könnten:

- Um zu erkennen, wie Sie sich in einer Beziehung oder Situation fühlen, sehen Sie sich an, wie andere Menschen sich fühlen.

- Selbst wenn Sie allein sind, fällt es Ihnen schwer, sich über Ihre Gefühle klar zu werden.

- Sie haben das Gefühl, dass Sie keine eigene Persönlichkeit, keinen eigenen Charakter und keine eigene Identität haben.

- Sie versuchen immer, es allen anderen recht zu machen, anstatt sich zu konzentrieren und sich selbst an die erste Stelle zu setzen.

- Wenn ein Konflikt auftritt, versuchen Sie zunächst, die verärgerte Person zufrieden zu stellen oder ihr nachzugeben.

- Sie lassen Ihre eigenen Überzeugungen oder Ansichten außer Acht und akzeptieren stattdessen nur die Ansichten der Menschen um Sie herum als wahr.

- Sie können feststellen, dass Sie seltsame emotionale Reaktionen auf Dinge zeigen, die oberflächlich betrachtet keine Rolle zu spielen scheinen. Sie könnten zum Beispiel wütend auf einen Fremden reagieren oder plötzlich ein Gefühl der Traurigkeit empfinden, das den ganzen Tag über auftreten kann.

- Sie fühlen sich die meiste Zeit schuldig und sind wütend auf sich selbst.

- Sie finden es schwierig, zu jemandem "nein" zu sagen.

- Alles kann Ihnen zu viel werden, aber Sie werden trotzdem mehr übernehmen, wenn Sie darum gebeten werden.

- Es ist nicht leicht, Grenzen zu ziehen, und Sie haben das Gefühl, dass Sie in einer Beziehung oft ausgenutzt werden.

- Sie sind unzufrieden, unsicher oder sogar ängstlich, wenn Sie nach Ihrer eigenen Meinung gefragt werden.

Bei Menschen, die unter PTBS, CPTSD oder Bindungstraumata leiden, gibt es bereits ein gewisses Maß an Selbstvorwürfen und Schuldzuweisungen, das sich nur noch verschlimmern kann, wenn die Standardreaktion auf Gefahr eine Kitz-Reaktion ist. Das ist einer der vielen Gründe, warum es wichtig ist, zu lernen, warum diese Reaktionen auftreten und was wir tun können, um sie abzuschalten.

Es wird auch von einer fünften Reaktion gesprochen, die als "Flop" bekannt ist. Dabei reagiert eine Person überhaupt nicht mehr auf die auftretende Situation und kann sogar das Bewusstsein verlieren. Der Begriff kommt von der Art und Weise, wie der Körper wie eine Stoffpuppe umkippt.

Alle diese Reaktionen sind völlig natürlich, und Menschen werden zu verschiedenen Zeiten unterschiedliche Reaktionen zeigen. Beunruhigend kann es jedoch werden, wenn wir Bedrohungen wahrnehmen, wo keine sind, oder wenn wir die falsche Reaktion auf die Situation zeigen. Solche Probleme treten in der Regel auf, wenn wir aufgrund eines vergangenen Traumas, das wir erlebt haben, in diesen Reaktionen stecken geblieben sind. Um uns aus diesen festgefahrenen Reaktionen zu befreien, müssen wir uns bewusster machen, wie wir uns in unserem Körper sicher, wohl und ohne Spannung fühlen können. Wir sollten Übungen anwenden, die es uns ermöglichen, einen Teil dieses Traumas auf sichere Weise loszulassen, was eine geringere Abhängigkeit von unseren Kampf-,

Flucht-, Erstarrungs- oder Schreckreaktionen bedeuten sollte.

Peter Levine begründete seine Theorie und Arbeit des "Somatic Experiencing" mit der Tatsache, dass er Tiere in freier Wildbahn beobachtet hatte. Obwohl sie ständig von Raubtieren bedroht waren, von ihnen gejagt wurden und manchmal kurzzeitig gefangen waren, aber entkamen, erlitten die Tiere kein Trauma. Sie führten ihr Leben weiter wie immer. Levine stellte fest, dass die Tiere nach einem solchen Vorfall dazu neigten, zu zittern und zu beben, so dass er zu der Überzeugung gelangte, dass wilde Tiere in der Lage waren, ihr Trauma "abzuschütteln", während der Mensch diese Fähigkeit verloren hatte. Da der Mensch die Fähigkeit verloren hat, das Trauma abzuschütteln, kann das Trauma im Körper stecken bleiben, und nur mit Hilfe der somatischen Therapie kann es langsam und vorsichtig gelöst werden (Osadchey, 2018).

Ich werde Ihnen eine sehr einfache Übung anbieten, die Sie befolgen können, damit Sie diese Kampf-oder-Flucht-Reaktionen abschalten und ruhig und rational bleiben können. Es ist eine einfache Erdungsübung, und wie alle somatischen Heilungsübungen wirkt sie vom Körper zum Gehirn hinauf und nicht andersherum. Das macht Sinn, denn wir können uns nicht aus diesen Situationen herausdenken oder aus dem Gefühl der Angst heraus, aber wir können unseren Körper dazu bringen, sich zu entspannen, ruhig zu sein und unserem Gehirn zu sagen, dass alles in Ordnung ist.

## ÜBUNG ZUR ERDUNG

Da der Kampf-oder-Flucht-Modus dazu führen kann, dass Sie sich fast losgelöst von Ihrem Körper fühlen oder dass Ihr Körper nicht in der Lage ist, das zu tun, was Sie von ihm wollen, besteht eine Möglichkeit, Sie wieder in einen weniger ängstlichen Zustand zu versetzen, darin, Ihr Gehirn wieder mit Ihrem Körper zu vereinen. Eine Möglichkeit besteht darin, etwas Heißes oder Kaltes auf Ihren Körper zu legen. Achten Sie natürlich darauf, dass Sie sich nicht verletzen oder sich Erfrierungen zuziehen. Wenn Sie etwas leicht Heißes oder Kaltes auf Ihren Körper legen, sollte dies Sie wieder mit Ihrem Körper vereinen, da sich Ihr Gehirn auf die Empfindungen konzentrieren kann, die Sie spüren, anstatt sich auf falsche oder drohende Gefahren zu konzentrieren.

## TRAUMA DER BINDUNG

Zu Beginn dieses Kapitels habe ich kurz das Bindungstrauma erwähnt, und in diesem Abschnitt werde ich nun viel ausführlicher darauf eingehen.

Ein Bindungstrauma liegt vor, wenn der normale Bindungsprozess zwischen einem Baby oder einem Kind und seinen wichtigsten Bezugspersonen - seien es die Eltern oder eine andere Betreuungsperson - unterbrochen wird. Dies kann das Ergebnis von Missbrauch oder Vernachlässigung sein, aber auch ein allgemeiner Mangel an Zuneigung oder Vernachlässigung, der nicht von der Betreuungsperson verschuldet wurde.

In der Psychologie werden vier Hauptbindungsstile unterschieden, die ein Kind schon früh im Leben mit seiner

Bezugsperson erleben kann. Diese unterschiedlichen Hinwegbewegungen werden sie sich wahrscheinlich auf das Kind auswirken, wenn es erwachsen geworden ist:

- Sicherheit: Menschen, die sich sicher fühlen, sind mit aufmerksamen, liebevollen und einfühlsamen Bezugspersonen aufgewachsen, die auf die Bedürfnisse ihres Kindes eingegangen sind. Wenn eine Person eine sichere Bindung hat, fühlt sie sich wahrscheinlich wohl dabei, ihre Emotionen zu zeigen und auszusprechen, zeigt Selbstvertrauen in Beziehungen und ist in der Lage, schwierigen Situationen und unglücklichen Gefühlen auf gesunde Weise zu begegnen.

- Vermeidungsverhalten: Vermeidende Bindung liegt vor, wenn eine Betreuungsperson nicht reagiert oder nicht auf das Kind eingeht, wenn es verletzt oder verängstigt ist. Kinder, die diese Art von Bindung erleben, zeigen ihre Gefühle wahrscheinlich nicht und suchen bei ihrer Bezugsperson keine Sicherheit und keinen Trost. Als Erwachsene sind sie in Beziehungen wahrscheinlich distanziert und nicht in der Lage, ihre Gefühle zu zeigen oder darüber zu sprechen.

- Resistenz: Eine widerständige Bindung entwickelt sich, wenn die Betreuungsperson nicht konsequent oder nicht vorhersehbar auf die Ängste oder die Aufregung des Kindes reagiert. Das Kind wendet möglicherweise extreme Methoden an, um von der Betreuungsperson eine angemessene Reaktion zu erhalten. Im

Erwachsenenalter kann sich dies als jemand zeigen, der in einer Beziehung sehr bedürftig und anhänglich ist und überhaupt nicht sicher glaubt, dass sein Partner ihn liebt.

- Desorganisation: Eine desorganisierte Bindung entsteht, wenn das Verhalten der Betreuungsperson ungewöhnlich oder in irgendeiner Weise beängstigend ist. Das Kind weiß nicht, was es tun soll, um den Trost und die Sicherheit zu bekommen, die es braucht. Im Erwachsenenalter kann dies zu Beziehungen voller Konflikte und Streitigkeiten führen.

- Der erste Bindungsstil, Sicherheit, ermöglicht Kindern eine gesunde Entwicklung und erhöht die Wahrscheinlichkeit, dass sie in späteren Jahren gesunde Beziehungen eingehen. Die anderen Bindungsstile führen dazu, dass sich eine unvollständige Bindung herausbildet, die im Erwachsenenalter wahrscheinlich zu ungesunden Beziehungen und anderen Problemen führen wird.

Wenn ungesunde Erziehungsstile auftreten, kann dies zu traumatischen Ereignissen für ein Kind führen. Dazu können natürlich schwerwiegende Ereignisse wie Missbrauch und extreme Vernachlässigung gehören, aber auch etwas so Einfaches wie ein Kind, das sich selbst verletzt und weint, weil die Betreuungsperson es ignoriert (ob absichtlich oder nicht). Dies kann zu einem traumatischen Ereignis für das Kind führen. Ein seltener Vorfall im Leben eines Kindes muss nicht unbedingt zu einem Bindungstrauma führen, aber wenn es sich um ein dauerhaftes Muster handelt, kann dies zu einem lang anhaltenden Trauma bis ins Erwachsenenalter führen.

Es muss jedoch nicht unbedingt etwas sein, was die Betreuungsperson getan hat, was zum Scheitern der Bindung führen kann. Die Betreuungsperson könnte unglücklicherweise gestorben sein, die Bindung ist zerbrochen, und die sichere Bindung kann nicht entwickelt werden. Es ist nicht immer so einfach, dass die Bezugsperson schuld ist, wenn ein Bindungstrauma auftritt.

Eine Person, die unter einem Bindungstrauma leidet, leidet möglicherweise eher unter Stress und Angstzuständen, hat Schwierigkeiten, sich auszudrücken, hat Schlafstörungen, isoliert sich oder hat Probleme mit der psychischen Gesundheit.

Wenn Sie unter einem Bindungstrauma leiden, gebe ich Ihnen eine Übung, die Sie durchführen können, aber bitte seien Sie vorsichtig. Diese Übung kann einige starke Emotionen und Gefühle hervorrufen. Wenn Sie denken, dass das zu diesem Zeitpunkt zu viel für Sie ist, dann ist das vollkommen verständlich; Sie sollten diese Übung ruhen lassen, bis Sie bereit sind oder einen professionellen Therapeuten aufsuchen.

## BINDUNGSTRAUMA-ÜBUNG

Suchen Sie sich zunächst einmal einen harten Boden, wenn Sie können. Sie können diese Übung auch auf Teppichboden machen, aber das macht sie schwieriger. Sobald Sie einen geeigneten Boden gefunden haben, ziehen Sie Ihre Socken aus. Legen Sie sich dann flach auf den Boden, so dass Sie auf dem Bauch liegen. Überlegen Sie dann, wie Sie sich aus dieser

Position vorwärts bewegen können. Sie können nicht auf Händen und Knien aufstehen und krabbeln. Nein, Sie müssen einen Weg finden, sich zu bewegen, während Sie flach auf dem Bauch liegen. Das haben Sie sicher nicht mehr gemacht, seit Sie ein kleines Kind waren. Das ist der Sinn der Übung: Sie sollen wieder auf diese Weise denken und sich bewegen. Deshalb kann es sein, dass alle Gefühle von damals wieder hochkommen. Wenn Sie dazu nicht bereit sind, ist das nichts für Sie. Sie werden vielleicht tiefe Traurigkeit empfinden und das Bedürfnis haben zu weinen. Es mag viele starke Emotionen geben, die Sie empfinden, weil Sie wieder in dieser Position sind.

# 5

## ÜBER KÖRPERLICHEN
## SCHMERZ UND KRANKHEIT
## HINAUSWACHSEN

Wenn Sie feststellen, dass Sie ständig Schmerzen haben, dass Ihre Muskeln verspannt sind oder Ihre Knochen schmerzen, könnte dies das richtige Kapitel für Sie sein. Sie haben sich so sehr an Schmerzen oder Muskelverspannungen gewöhnt, dass Sie das Gefühl haben, sie seien fast ein Teil von Ihnen selbst. Die gute Nachricht ist, dass die physische somatische Therapie (offiziell Somatik genannt) Ihnen helfen kann, diese Schmerzen zu lindern und sich wieder selbst zu spüren. Natürlich muss ich darauf hinweisen, dass die somatische Therapie nicht dazu geeignet ist, jede körperliche Verletzung zu heilen, die Sie haben. Wenn Sie sich das Bein gebrochen haben, müssen Sie trotzdem einen Arzt aufsuchen. Sie werden einen gebrochenen Knochen nicht durch somatische Therapie heilen, im Gegenteil, Sie können die Dinge sogar noch viel schlimmer machen. Wenn Sie jedoch von chronischen Muskel- und Gelenkschmerzen betroffen sind, kann die somatische Therapie genau hier ansetzen. Mit ihrer Fähigkeit, den Körper dazu zu bringen, mit dem Gehirn zu sprechen und umgekehrt, ist es möglich, Ihre Schmerzen zu lindern, die durch die Verdrehungen und verklebten Muskeln verursacht werden, an die sich Ihr Körper gewöhnt hat.

Hier finden Sie einige Übungen, die Ihnen bei chronischen Schmerzen oder Muskelverspannungen helfen können, Ihre Beweglichkeit und Ihr allgemeines Wohlbefinden zu verbessern. Sie können alle Bewegungen in jedem Schritt 10-mal ausführen:

- **1: Legen Sie sich auf den Rücken**, beugen Sie die Knie und legen Sie die Arme an die Seite. Atmen Sie ein, schieben Sie Ihr Becken leicht nach oben und atmen Sie aus. Einatmen, den unteren Rücken nach unten drücken und ausatmen.

- **2: Legen Sie sich auf den Rücken**, strecken Sie die Beine aus und strecken Sie die Hände hinter sich aus. Sie nehmen im Grunde die Form eines Sterns an. Stellen Sie sich vor, dass Sie Ihr rechtes Bein länger werden lassen können. Atmen Sie ein, während Sie sich das vorstellen, und atmen Sie dann aus und entspannen Sie sich. Machen Sie dasselbe mit Ihrem linken Arm: Stellen Sie sich vor, dass er wächst oder dass jemand an Ihrem Arm zieht, um ihn länger zu machen. Machen Sie das Gleiche mit dem linken Bein und schließlich mit dem rechten Arm.

- **3: Legen Sie sich auf den Rücken**, strecken Sie die Arme seitlich aus, winkeln Sie die Knie an und kreuzen Sie dann ein Bein über das andere. Atmen Sie ein. Bewegen Sie dann Ihre Beine nach links. Achten Sie darauf, dass dies nur Ihre Beine machen - alles andere bleibt in der Mitte und atmen Sie aus. Wechseln Sie die Beine und machen Sie dasselbe, indem Sie die Beine nach rechts unten und wieder in die Mitte bringen. Dann machen Sie das Gleiche mit dem rechten Arm nach oben und der linken Hand nach unten gerichtet. Während Sie Ihre Beine bewegen, bewegen Sie Ihren Kopf nach links und umgekehrt.

- 4: **Nehmen Sie eine sitzende Position ein** und drehen Sie Ihren Kopf und Oberkörper einfach nach links. Dann machen Sie das Gleiche nach rechts. Jetzt machen Sie dasselbe, aber legen Sie Ihre rechte Hand auf die linke Schulter, und nachdem Sie sich gedreht haben, bewegen Sie Ihren Kopf sanft zurück in die Mitte. Bringen Sie dann alles wieder in die Mitte. Machen Sie das Gleiche auf der anderen Seite.

## SENSOMOTORISCHE AMNESIE

Sensomotorische Amnesie (SMA) ist ein Begriff, den der Pionier Thomas Hanna, ein Visionär in der Welt der Somatik, eingeführt hat (Warren, 2019). Er beschreibt das körperliche Verhaltensmuster, das die Muskeln Ihres Körpers ausführen, ohne dass Sie darüber nachdenken, was Ihnen oft einen schlechten Dienst erweist. Zum Beispiel beugen Sie sich Tag für Tag an Ihrem Schreibtisch über Ihren Laptop. Ihre Rückenmuskulatur gewöhnt sich daran und passt sich entsprechend an, so dass etwas, das für Sie schlecht ist, für Ihren Körper zur Normalität wird, und Sie tun nichts, um es zu korrigieren, weil Ihr Körper Sie nicht dazu auffordert. Oft ist sogar das Gegenteil der Fall. Aufrechtes Sitzen wird schmerzhaft, und krummes Sitzen wird sehr bequem. Dieses Verhaltensmuster kann dann zu chronischen körperlichen Schmerzen führen. In diesem Beispiel ist es wahrscheinlich, dass Sie am Ende starke Rückenschmerzen oder vielleicht sogar einen Buckel haben und ständig in der Hocke sitzen, selbst wenn Sie stehen.

In der modernen Welt ist es leicht, SMA zu entwickeln. Wir sitzen ständig an Schreibtischen, auf Stühlen, im Auto oder in öffentlichen Verkehrsmitteln. Wir bewegen uns nicht so viel, wie wir sollten, also passt sich unser Körper entsprechend an. Er kümmert sich nicht mehr um all die Drehungen, das Laufen und die Beweglichkeit, die man früher brauchte: Unsere Muskeln konzentrieren sich stattdessen auf das, was sie beim Faulenzen und Zusammensacken tun müssen. Das wiederum kann dazu führen, dass die Muskeln gewohnheitsmäßig in unerwünschten Positionen verharren und mit der Zeit sogar die Knochen aus ihrer Position ziehen.

Eine weitere Möglichkeit, SMA zu entwickeln, ist eine Verletzung. Während die Verletzung heilt, beeinträchtigt sie die Art und Weise, wie Sie sich bewegen. Das gilt vor allem, wenn Sie sich den Fuß verletzen - das beeinträchtigt die Art, wie Sie gehen. Wenn die Verletzung dann verheilt ist, gehen Sie immer noch so, wie Sie vor der Verletzung gegangen sind. Das schadet Ihnen, und Ihr Körper hat vergessen, wie Sie sich früher normal fortbewegt haben. Ein anderes Beispiel wäre eine Verletzung wie ein verdrehtes Becken.

Wenn Sie an SMA leiden, werden Sie vielleicht bemerken, dass Ihr Körper sich manchmal nur zögerlich bewegt; vielleicht gibt es ein leichtes Zittern oder Zucken der betroffenen Bereiche oder sogar ein Zittern, wenn Ihr Körper etwas von seiner Anspannung losgelassen hat.

Sie können eine sehr einfache Übung machen, wenn Sie glauben, dass Sie SMA haben und eine Bestätigung wünschen. Ich rate Ihnen, wenn Sie bei dieser Übung auf Schmerzen stoßen, gehen Sie sehr langsam vor und bewegen Sie sich nur innerhalb des für Sie akzeptablen Bereichs; versuchen Sie nicht, etwas zu erzwingen, da Sie sich damit nur weiteren Schaden zufügen. Es ist gut, diese Übung langsam zu machen, damit Ihr Gehirn die Möglichkeit hat, zu begreifen, was Sie tun. Wenn Sie die Dinge schnell angehen, übernimmt der automatische Teil Ihres Gehirns die Kontrolle.

Setzen Sie sich hin und legen Sie die Arme an die Seite. Drehen Sie Ihren Kopf nach links. Sie müssen während der gesamten Übung nach links schauen. Achten Sie also darauf, dass Ihre Kopfdrehung in Ihrem Wohlfühlbereich liegt und nicht zu schmerzhaft oder überdehnt ist. Schauen Sie nun nach oben zur Decke und bewegen Sie Ihre rechte Schulter nach oben zum Hinterkopf. Dann lassen Sie diese Position langsam los und kehren in die vorherige Position zurück. Sie können dies auch auf der anderen Seite versuchen. Wie hat es sich angefühlt? Ein bisschen zögerlich, zittrig oder wackelig? Wenn ja, dann haben Sie wahrscheinlich SMA.

Eine Praxis, die als Pandiculation bekannt ist, kann dazu beitragen, die Verbindung zwischen dem Gehirn und den Muskeln herzustellen und Ihnen helfen, Ihre SMA-Beschwerden zu lindern.

## SOMATISCHE PANDICULATION

Pandiculation mag wie das komplizierteste Wort der Welt klingen, ist aber eigentlich ein ganz einfaches Konzept. Bei der Pandiculation werden Muskeln absichtlich (oder manchmal auch unbewusst) bewegt, um die Bewegungen mit unserem Nervensystem zu verbinden. Das morgendliche Dehnen und Gähnen ist ein perfektes Beispiel dafür. Es ist eine Neukalibrierung unseres Körpers mit unserem Nervensystem, um weitere Bewegungsmuster in unser Wesen einzuprägen. Wir tun dies oft unbeabsichtigt und unbewusst, wenn wir aufwachen, aber Pandikulationen können jederzeit absichtlich durchgeführt werden, um eine Vielzahl von gewünschten Ergebnissen zu erzielen. Es gibt unzählige somatische Pandikulationsvideos im Internet, die aus unterschiedlichen Gründen auf verschiedene Muskeln abzielen. Diese Handlung kann bedeutender sein, als Sie denken. Schlechte Körperhaltung, angespannte Muskeln und unruhige Bewegungen können zur Gewohnheit werden, wenn wir nicht pandikulieren.

DIE PANDICULATION LÄSST SICH AM BESTEN DAMIT erklären, dass das Nervensystem unseren inneren Alarm auslöst und dem Körper sagt: "Mach dich bereit für etwas Bewegung!" Menschen und alle Tiere mit Wirbeln neigen dazu, automatisch Pandikulationen durchzuführen, wenn sie aufwachen oder wenn sie sehr lange stillgestanden haben. Wahrscheinlich haben Sie schon bemerkt, dass ein Baby dies tut, wenn es aufwacht, oder Sie haben vielleicht gesehen, wie Ihre Hauskatze oder Ihr Hund den Rücken krümmt und sich streckt, wenn sie aus dem Dämmerschlaf erwacht sind. All dies sind Beispiele für die Pandiculation. Es heißt sogar, dass Tiere 40 Mal am Tag pandiculieren ("Pandiculation-the Safe Alternative to Stretching", 2010). Man sieht sie nicht in schlechter Haltung oder mit verdrehten Knöcheln, nur weil sie einer Maus oder einem Stock hinterherjagen mussten.

Durch die Pandiculation erfährt unser Nervensystem, wie hoch die Spannung in unseren Muskeln ist, und reguliert diese Spannung, damit wir langfristig keine Muskelschmerzen bekommen. Es wird vermutet, dass ein Fötus die Pandikulation bereits im Mutterleib ausführen kann, was zeigt, dass es sich um eine primitive und lebenswichtige Handlung handelt (Warren, 2019).

Leider reicht bei all den schlechten Gewohnheiten und körperlichen Verhaltensmustern, in die wir uns in der modernen Welt so leicht verstricken, die automatische Pandiculation nicht aus, um all die Muskelverspannungen loszuwerden. Manchmal, wenn unsere Körperhaltung aus dem Gleichgewicht geraten ist, vergisst unser Nervensystem einfach, überhaupt zu pandiculieren.

Thomas Hanna untersuchte die Pandiculation sehr eingehend und kam zu der Erkenntnis, dass die Pandiculation Muskelverspannungen und die meisten der zugrunde liegenden Ursachen von Haltungs- und Bewegungsproblemen sowie chronischen Schmerzen anspricht. Er entwickelte einige Übungen, die die Menschen selbst durchführen konnten, anstatt sich auf die automatische Pandikulation zu verlassen. Er sorgte dafür, dass die Menschen viel besser in der Lage waren, mit ihren muskulären Verspannungen umzugehen und sich von einem Großteil ihrer Schmerzen zu befreien, indem er die freiwillige Pandikulation förderte. Die freiwillige Pandikulation muss sehr langsam und absichtlich durchgeführt werden, damit das Nervensystem das, was ihm gesagt wird, aufnimmt und sich daraufhin aktualisiert (Warren, 2019).

Jede Pandiculation erfordert drei Hauptaspekte:

- **1:** Ziehen Sie den Muskel zusammen.
- **2:** Langsame, bewusste Dehnung des Muskels.
- **3:** Entspannen Sie sich und lassen Sie Ihr Gehirn und Nervensystem begreifen, was Sie gerade getan haben.

Der Psoas [*soh-uhs*] ist ein außergewöhnlich wichtiger Muskel im menschlichen Körper. Ohne diesen Muskel würden Sie morgens nicht einmal aus dem Bett kommen. So wichtig ist er. Der Psoas-Muskel ist auch für die Atmung von Bedeutung, er kann also nicht nur physische, sondern auch psychische Auswirkungen haben. Egal, was Sie tun - laufen, Rad fahren, auf dem Sofa sitzen oder tanzen - Ihr Psoas-Muskel wird gebraucht und leistet Arbeit, damit Sie diese Dinge tun können. Der Psoas ist deshalb so wichtig, weil er der Muskel ist, der Ihren Körper mit Ihren Beinen verbindet. Diese Muskeln sind auch als Hüftbeuger bekannt. Sie sind äußerst wichtig, wenn es um Ihre Körperhaltung und die Unterstützung und Regulierung Ihrer Wirbelsäule geht. Da der Psoasmuskel auch mit dem Zwerchfell verbunden ist, spielt er eine wichtige Rolle beim Gehen, Atmen und sogar bei der Reaktion auf Angst und Aufregung. Wenn Sie unter Stress stehen, zieht sich Ihr Psoas-Muskel tatsächlich zusammen. Im Wesentlichen hat er einen direkten Einfluss auf Ihre Kampf-oder-Flucht-Reaktion. Wenn dieser Stress über längere Zeit anhält, ist der Psoas-Muskel über längere Zeit kontrahiert, was zu einer Vielzahl von Gesundheitsproblemen führen kann. Die gleiche Kontraktion kann auftreten, wenn Sie lange sitzen, zu viel laufen oder gehen, in der Fötusstellung einschlafen oder eine große Anzahl von Sit-ups machen.

Ein angespannter Psoas-Muskel kann zu einer Vielzahl von Gesundheitsproblemen und Beschwerden führen, darunter Verdauungsprobleme, Erschöpfung, sexuelle Funktionsstörungen, Schmerzen im unteren Rückenbereich, Beckenschmerzen (die sich auf die Sexualpraktiken und den Appetit auswirken können), Ischiasbeschwerden (die unerträgliche Schmerzen verursachen können), Hinken, Beinlängendifferenz, Wirbelsäulenverkrümmung und eine schwache Körpermitte.

Sie denken vielleicht, dass es ausreicht, den Psoas-Muskel zu dehnen, aber der Psoas-Muskel erhält seine Anweisungen vom Gehirn. Egal, wie sehr Sie ihn dehnen, er wird tun, was das Gehirn ihm sagt, und wenn das heißt, sich zusammenzuziehen, dann wird er sich zusammenziehen. Sie könnten also durch das Dehnen mehr Schaden anrichten als Nutzen bringen. Das Beste, was Sie erreichen können, ist, dass Sie die Muskeln nach dem Dehnen für eine kurze Zeit lockern können, aber bald darauf wird das Gehirn das Nervensystem neu einstellen, und der Psoas-Muskel wird wieder so sein, wie er vor dem Dehnen war. Mögliche langfristige Spannungen können immer noch auftreten.

Ich werde Ihnen zwei sehr einfache Pandiculationsübungen zeigen, die Sie leicht zu Hause durchführen können. Wenn Sie Probleme mit Ihrem Psoas haben, werden diese Übungen Ihnen helfen, diese Spannungen und Traumata zu lösen und Ihr Leben für eine Welt ohne Schmerzen zu öffnen.

(Bitte beachten Sie: Wenn sich Ihr Psoas nach den Pandiculationsübungen nicht löst oder wieder zusammenzieht, leiden
Sie möglicherweise an einem verdrehten Kreuzbein, auch
bekannt als Sakraltorsion, Beckenverdrehung oder SI-Gelenk-
Dysfunktion. Sie müssen zuerst ein verdrehtes Kreuzbein
reparieren.

- **1:** Legen Sie sich zunächst auf den Boden. Eine
  ebene Fläche ist einem Teppich vorzuziehen.
  Wenn Sie eine Gymnastikmatte haben, kann diese
  für zusätzlichen Komfort sorgen. Legen Sie sich
  auf den Rücken, die Knie hoch und die Füße fest
  auf den Boden. Achten Sie darauf, dass Sie Ihre
  Füße und Beine leicht über den Boden gleiten
  lassen können (Teppichboden ist daher nicht so
  gut geeignet). Verschränken Sie Ihre Arme und
  Hände hinter dem Kopf. Atmen Sie nun ein und
  beugen Sie sich leicht vor, so dass sich Ihr Becken
  zur Decke bewegt und sich Ihr Rücken
  zusammenzieht; dann atmen Sie aus und
  entspannen sich.
- Bringen Sie dann beim nächsten Ausatmen den
  Kopf und den Rücken nach vorne und richten Sie
  die Ellbogen auf Ihr Bein. Bringen Sie dann eines
  Ihrer Beine zu Ihrem Ellbogen und bewegen Sie
  dann langsam alles wieder dorthin zurück, wo es
  vorher war: Kopf und Rücken zum Boden,
  Ellenbogen und Hände hinter den Kopf, Knie und
  Bein zurück zum Boden, den Fuß fest auf den
  Boden stellen.

- Dann machen Sie das Gleiche mit der anderen Seite. Atmen Sie ein und wölben Sie sich ganz leicht, dann atmen Sie aus und entspannen Sie sich; beim nächsten Ausatmen bewegen Sie das andere Knie zu den Ellbogen und dann langsam alles wieder zurück.

- Als Nächstes machen Sie dieselbe Übung, aber wenn Sie den Fuß wieder auf den Boden setzen, gleiten Sie mit dem Bein und dem Fuß ganz am Boden entlang und beugen die Zehen. Atmen Sie nach Bedarf ein und aus. Sie können die Übung auch leicht variieren, so dass das Bein beim nächsten Anheben und Absetzen natürlicher nach oben kommt, so dass das Bein und der Fuß nicht gerade, sondern nach außen gebogen sind. Sie können die Übung mehrmals mit beiden Beinen wiederholen. Es wird interessant sein zu sehen, ob Sie einen Unterschied zwischen den beiden Seiten feststellen; vielleicht fühlt sich eine Seite weniger angespannt an als die andere. Auf jeden Fall werden Sie, nachdem Sie diese Übungen eine Weile gemacht haben, feststellen, dass Ihr Psoas nicht mehr so angespannt ist und Sie es geschafft haben, einen Teil dieser Spannung aus Ihrem Körper zu lösen.

- **2:** Machen Sie dieselbe Übung, aber halten Sie diesmal die Arme an der Seite, wenn Sie das Knie anheben. Wenn Sie dann das Bein nach außen gleiten lassen, führen Sie den Arm von der Seite über den Kopf - so wie beim Schwimmen, wenn Sie Rückenschwimmen. Machen Sie einen Zug, führen Sie den Arm über den Kopf und entspannen Sie sich. Gehen Sie zurück in die Position, wiederholen Sie den Vorgang und machen Sie das Gleiche mit der anderen Seite Ihres Körpers. Diese Übung hilft den Muskeln im oberen Teil des Rückens; wenn Ihr Psoas angespannt ist, sollten Sie dies an der Seite Ihres Körpers spüren.

- Es gibt auch einige einfache Übungen, die Sie durchführen können, um sicherzustellen, dass alle verschiedenen Muskelgruppen eine Pandiculation erfahren.

- Diese Übung wird Ihren Bizeps trainieren. Sie können diese Übung im Stehen oder im Sitzen ausführen. Ziehen Sie einfach Ihren Unterarm langsam zu sich heran, als würden Sie eine Hantel heben, und lassen Sie ihn dann langsam wieder in die Ausgangsposition zurückgehen und entspannen. Bei Bedarf können Sie die ersten beiden Finger der anderen Hand leicht auf den Arm legen, um dort ein wenig Widerstand zu erzeugen. Das hilft Ihrem Gehirn und Ihrem Nervensystem, zu verarbeiten, was vor sich geht, und verhindert, dass es zu SMA kommt.

- Ich habe definitiv ein Problem damit, meinen Kopf ständig nach vorne zu schieben, besonders wenn ich über meinen Laptop gebeugt bin. Eine Übung, die dagegen hilft, ist die folgende: Knien Sie sich hin, beugen Sie sich langsam vor, ziehen Sie Bauch und Kopf langsam nach hinten und entspannen Sie sich dann. Auch hier können Sie, wenn Sie ein wenig Widerstand brauchen, eine Hand unter die Brust und eine auf den Bauch legen. Ihre Wirbelsäule und die Vorderseite Ihres Körpers sollten sich nach dieser Übung harmonischer anfühlen. Anstatt mit dem Kopf nach vorne gebeugt zu sitzen, sollten Sie in der Lage sein, aufrecht zu sitzen, wobei Ihr Kopf schön auf dem oberen Teil Ihres Körpers sitzt, wo er hingehört.

Diese Übungen sollten Ihnen auf lange Sicht wirklich helfen, und zwar auf eine Art und Weise, die das Dehnen nicht leisten kann. Sie üben eine Pandikulation an Ihren Muskeln aus, die Wunder bewirken wird. Mit etwas Glück sind die Tage der ständigen Schmerzen, der Unbeweglichkeit und der Bewegungseinschränkungen vorbei. Und das alles mit Übungen, die Sie leicht und kostenlos zu Hause durchführen können.

## 6

# EINE SCHATZTRUHE
# SOMATISCHER PRAKTIKEN

In diesem Kapitel werde ich einige der kraftvollsten somatischen Praktiken erläutern. Es ist wirklich eine Fundgrube. All diese Jahre waren wie das Graben nach Diamanten oder das Wühlen nach Gold, ohne Erfolg - bis jetzt. Jetzt werden Sie den Schatz finden, den Sie gesucht haben - Ihren Goldtopf am Ende des Regenbogens. Es handelt sich um einfach durchzuführende Praktiken, die Sie in Ihrer eigenen Zeit und an Ihrem eigenen Ort durchführen können. Sie erfordern keine besondere Ausrüstung oder große Ausgaben, um daran teilnehmen zu können. Das Beste von allem ist, dass es echte wissenschaftliche Beweise gibt, die diese Praktiken untermauern, so dass ich weiß, dass sie funktionieren; bald werden auch Sie es wissen.

## POLYVAGALE THEORIE UND DER VAGUSNERV

Die polyvagale Theorie wurde von Stephen Porges entwickelt und hilft uns, unser Nervensystem besser zu verstehen. Sie geht auf seine Untersuchungen des Vagusnervs zurück. Der

Vagusnerv ist an der beruhigenden Komponente des Nervensystems beteiligt. Dies gleicht sich mit dem aktiven Element aus, d. h. wenn mehr Beruhigung stattfindet, ist weniger Aktivität erforderlich. Wenn mehr Aktivität auftritt, ist weniger Beruhigung erforderlich. Die Polyvagal-Theorie beschreibt ein drittes Element, das Porges als "Social Engagement System" bezeichnete - eine Kombination aus dem aktiven und dem beruhigenden Aspekt (Wagner, 2016).

Wie der Name schon sagt, ist es der Aspekt des sozialen Engagements, der uns dabei hilft, Beziehungen zu gestalten und auftretende Konflikte besser zu bewältigen.

Das Nervensystem besteht aus zwei Hauptelementen, wenn wir das Gefühl haben, dass wir uns in großer Gefahr befinden: das Element, das sich mit unserer Kampf-oder-Flucht-Reaktion befasst, und der Teil, der sich damit befasst, sich komplett abzuschalten (denken Sie an die "Flop"-Methode, um mit Gefahr umzugehen). Damit das System des sozialen Engagements aktiv werden kann, muss ein Gefühl der Sicherheit vorhanden sein.

Der Vagusnerv trägt zur Beruhigung des Körpers bei, und er hat zwei Hauptaspekte, die sich sehr unterschiedlich verhalten. Der Aspekt des Abschaltens erfolgt durch einen Teil des Vagusnervs. Wenn diese Abschaltung auftritt, fühlt man sich in der Regel sehr müde und vielleicht auch etwas schwindlig - ähnlich wie bei einer Grippe. Dies kann sich auf das Herz, die Lunge, das Zwerchfell und das Verdauungssystem einer Person auswirken.

Der andere Teil des Vagusnervs beeinflusst die Dinge oberhalb des Zwerchfells. Dies ist der Teil, der das System des sozialen Engagements bedient. Dieser Teil des Nervs hilft bei der Steuerung unseres Nervensystems. Wenn Sie zum

Beispiel jemanden klettern lassen, lassen Sie das Seil langsam herunter, damit derjenige sich sicher abseilen kann; Sie lassen das Seil nicht auf einmal los. Das ist in etwa das, was der Vagusnerv hier tut: Er reguliert das Nervensystem und verhindert, dass es hyperaktiv wird. Während die Kampf-oder-Flucht-Reaktion in Sekundenschnelle abläuft und die Erholung zwischen 10 und 20 Minuten dauern kann, dauert die Reaktion des Vagusnervs zur Beruhigung nur Millisekunden. Daher sollten wir in der Lage sein, unsere Reaktionen zu beruhigen, so wie man bei einem Bergsteiger das Seil langsam herunterlässt, um den Aufstieg an der Felswand zu kontrollieren.

Ein gutes Beispiel für soziales Engagement in Aktion ist, wenn Sie in Ihren örtlichen Park gehen und die Hunde beobachten. Einige Hunde werden anderen Hunden gegenüber aggressiv sein oder weglaufen, und ihre Besitzer müssen ihnen hinterherlaufen - das sind die Hunde, die sich im Kampf-oder-Flucht-Modus befinden. Wenn Sie aber sehen, dass die Hunde fröhlich spielen, mit dem Schwanz wedeln, sich einen Stock oder Ball zuwerfen lassen und freundlich an ihren Besitzern hochspringen, dann sind das die Hunde, die sich in einem sicheren Raum befinden und das System der sozialen Bindung nutzen.

Wenn eine Person ein Trauma hat, das sie nicht loslassen konnte, kann sie sich für immer in einer Welt des Kampfes oder der Flucht wiederfinden; statt fröhlich ihren täglichen Aktivitäten nachzugehen, wobei ihr soziales Bindungssystem voll in Ordnung ist, wird alles zu einer Aufgabe voller Angst und Schrecken.

Der Vagusnerv wirkt sich auf das Mittelohr aus, das uns helfen kann, uns auf menschliche Stimmen zu konzentrieren und alle unnötigen Hintergrundgeräusche zu entfernen. Er wirkt sich auch auf unsere Fähigkeit zur Mimik aus - eine weitere wichtige Voraussetzung für die Kommunikation. Schließlich wirkt er sich auch auf unsere Stimmbänder und die Geräusche aus, die wir uns gegenseitig zufügen, um auf beruhigende Weise zu kommunizieren. Er ist der längste Nerv im Körper, und wenn Sie sich fragen, wie er zu seinem Namen gekommen ist, dann deshalb, weil *vagus* im Lateinischen "wandernd" bedeutet. Sie wissen, dass es ein langer Nerv ist, wenn er "wandernder" Nerv genannt wird.

Wenn wir Wege finden, den Vagusnerv zurückzusetzen oder ihn so zu trainieren, dass wir uns glücklich, sicher, geborgen und spielerisch fühlen, dann kann das Leben für uns viel besser sein.

ÜBUNG #1

Die erste Übung ist ganz einfach. Beginnen Sie damit, dass Sie sich aufsetzen und Ihren Kopf langsam nach links, zurück in die Mitte und dann nach rechts bewegen. Gibt es einen Unterschied zwischen den beiden Seiten? Fällt es Ihnen schwerer, Ihren Kopf zu einer Seite zu bewegen als zu der anderen? Als ich diese Übung zum ersten Mal entdeckte, fand ich es etwas schwieriger, meinen Kopf auf die rechte Seite zu bewegen als auf die linke. Legen Sie sich danach auf den Rücken, die Knie hoch und die Füße fest auf den Boden. Wenn Sie Erfahrung mit dieser Übung haben, können Sie sie im Sitzen oder sogar im Stehen durchführen, aber die ersten paar Male sollten Sie sich hinlegen. Legen Sie die Hände hinter den Kopf, verschränken Sie die Finger und strecken Sie die Ellbogen aus, so dass Sie den Kopf in den Händen halten.

Bewegen Sie dann Ihre Augen nach rechts - nicht den Kopf, nur die Augen. Stützen Sie Ihren Kopf mit den Händen ab, damit Sie ihn nicht bewegen. Sie bewegen nur Ihre Augen. Halten Sie Ihre Augen 30 Sekunden lang in dieser Position. Dann entspannen Sie sich und lassen Ihre Augen wieder in die Mitte zurückkehren. Wenn Sie bemerken, dass Sie Luft holen müssen oder den Drang haben zu schlucken, sind das Reaktionen des Vagusnervs und Zeichen dafür, dass die Übung funktioniert.

Machen Sie nun die andere Seite: Bewegen Sie die Augen nach links, ohne den Kopf zu bewegen, und halten Sie die Augen 30 Sekunden lang in der Mitte. Dann entspannen Sie sich und lassen Ihre Augen wieder in die Mitte kommen. Nehmen Sie sich einen Moment Zeit, kehren Sie dann in Ihre Sitzposition zurück und bewegen Sie Ihren Kopf von einer Seite zur anderen, um zu sehen, ob sich Ihre Beweglichkeit verbessert hat. Übrigens: 30 Sekunden sind die Mindestzeit, um die Augen in dieser Position zu halten. Wenn Sie keines der Anzeichen bemerken, wie z. B. einen tiefen Atemzug oder Schlucken, können Sie Ihre Augen 60 Sekunden oder länger in dieser Position halten. Als ich diese Übung zum ersten Mal entdeckte, fand ich es etwas schwieriger, meinen Kopf auf die rechte Seite zu drehen. Nachdem ich die Übung gemacht hatte, konnte ich meinen Kopf ohne Einschränkung auf beiden Seiten gleichermaßen bewegen. Diese Übung funktioniert.

## ÜBUNG #2

Die zweite Übung, die Sie machen können, ist, sich einfach hinzusetzen. Sei es auf dem Boden oder auf einem Stuhl -

Hauptsache, Sie sitzen bequem. Legen Sie Ihre rechte Hand auf den Kopf und neigen Sie den Kopf nach rechts. Bewegen Sie Ihre Augen und nur Ihre Augen. Halten Sie diese Position für 30 Sekunden. Danach können Sie sich entspannen und Ihre normale Sitzposition wieder einnehmen. Jetzt machen Sie das Gleiche, aber für die andere Seite. Legen Sie Ihre linke Hand auf Ihren Kopf und neigen Sie Ihren Kopf nach links. Bewegen Sie Ihre Augen nach oben und nach rechts. Halten Sie die Position für 30 Sekunden. Auch hier können Sie die Position länger halten, wenn Sie keine Wirkung spüren.

## ÜBUNG #3

Für die dritte Übung nehmen Sie wieder eine sitzende Position ein, Sie nehmen Ihre rechte Hand und legen sie auf Ihren Kopf, wobei Sie Ihren Kopf nach rechts neige. Diesmal nehmen Sie jedoch die linke Hand und greifen mit ihr nach der rechten Seite. Bewegen Sie dann Ihren Kopf zur rechten Seite und ziehen Sie mit der linken Hand an Ihrer Seite. Bewegen Sie wieder nur die Augen nach oben und nach links und halten Sie die Position 30 Sekunden lang. Dann lösen Sie sich aus der Position und entspannen sich. Sie sollten merken, dass Sie sich nach dieser Übung etwas ruhiger fühlen. Machen Sie die andere Seite: Legen Sie die linke Hand auf den Kopf und neigen Sie den Kopf nach links. Greifen Sie mit der rechten Hand zu Ihrer linken Seite und ziehen Sie sie zur Seite. Bewegen Sie dann Ihre Augen nach oben und zur rechten Seite und halten Sie die Position 30 Sekunden lang. Lösen Sie sich wieder aus dieser Position und entspannen Sie sich.

## ÜBUNG #4

Für die nächste Übung müssen Sie sich einen bequemen Platz suchen, um sich hinzulegen. Wenn Sie eine Gymnastik- oder Yogamatte haben, ist das wahrscheinlich das Beste. Ich habe festgestellt, dass es keinen Spaß macht mit dem Gesicht nach unten auf einen Teppichboden zu legen, denn das erinnert mich meist nur daran, dass ich den Staubsauger rausholen muss! Sobald Sie bereit sind, stützen Sie sich auf Ihre Ellbogen, die Hände zeigen nach vorne und Sie liegen flach auf dem Boden. Dann drehen Sie sich nach links und schauen über Ihre Schulter. Halten Sie diese Position wie üblich 30 Sekunden lang. Lassen Sie die Position los und entspannen Sie sich; legen Sie sich mit dem Gesicht nach unten, wenn Sie möchten, für einige Augenblicke hin. Machen Sie nun dasselbe, aber schauen Sie diesmal über Ihre rechte Schulter. Halten Sie die Position 30 Sekunden lang, lösen Sie sich dann aus der Position und entspannen Sie sich. Da bei dieser Übung die Nackenmuskeln beansprucht werden, kann sie sehr gut für diejenigen sein, die in diesem Bereich Verspannungen haben und deshalb unter Kopfschmerzen und Migräne leiden. Wenn Sie diese Übung durchführen, sollte sich ein Teil der Verspannungen lösen und Sie können die Schmerzen lindern.

Ob Sie es glauben oder nicht, die Atmung kann sich auch auf den Vagusnerv und der Vagusnerv auf Ihre Atmung auswirken. Das ist etwas, das als "Vagustonus" bekannt ist, der im Grunde die Aktivität des Vagusnervs darstellt (Fallis, 2021). Je höher Ihr Vagustonus ist, desto leichter fällt es Ihnen, nach einem Stressmoment in einen entspannten Zustand zurückzukehren. Wenn wir einen Weg finden, unseren Vagusnerv zu aktivieren und unseren Vagustonus zu erhöhen, sollten wir uns weniger gestresst, weniger ängstlich und allgemein glücklicher fühlen. Eine Studie aus dem Jahr 2010 ergab, dass Menschen mit einem hohen Vagustonus im Allgemeinen positiv gestimmt waren und eine gute körperliche Gesundheit hatten (Kok et al., 2013). Es gibt sogar Studien, die darauf hindeuten, dass Mütter, die während der Schwangerschaft ängstlich und gestresst sind (was zu einem niedrigen Vagustonus führt), dies nach der Geburt an das Baby weitergeben, das dann ebenfalls einen niedrigen Vagustonus hat (Field & Diego, 2008). Es gibt sogar ein Gerät, das Ihnen eingepflanzt werden kann und Ihren Vagusnerv in regelmäßigen Abständen aktiviert, aber das ist ein extremer Weg. Tiefe und langsame Atemarbeit kann den Vagusnerv aktivieren und den Vagustonus erhöhen.

Deshalb wäre es an dieser Stelle gut, Ihnen einige Atemübungen zur Aktivierung Ihres Vagustonus zu geben. Diese Übungen haben alle einen unterschiedlichen Zweck. Die erste dient dazu, dass Sie sich entspannen können.

## ATEMÜBUNG #1

Sie können damit beginnen, indem Sie sich hinsetzen und Ihre Arme um Ihren Brustkorb und Ihren Bauch legen, oder Sie können ein Kissen verwenden, das Sie vor sich hinlegen und damit arbeiten. Sie bringen sich im Grunde in eine Umarmungsposition. Dann atmen Sie ein, bis Sie ein Gefühl der Fülle verspüren, und halten Sie es vier Sekunden lang; danach atmen Sie länger aus, als Sie eingeatmet haben, und halten es sechs Sekunden lang. Sie können sich beim Ausatmen etwas fester "umarmen", wenn Sie möchten, denn dadurch wird der Vagusnerv aktiviert. Sie können diese Übung auch auf den Boden übertragen, um sie noch entspannender zu machen. Sie können auf dem Rücken oder auf dem Kopf liegen. Wenn Sie auf dem Rücken liegen, die Knie angezogen haben und die Füße fest auf dem Boden stehen, können Sie mit den Händen Druck auf den Bauch und die Brust ausüben. Wenn Sie auf dem Bauch liegen, können Sie sich ausgestreckt hinlegen und ein Kissen oder eine Unterlage unter Bauch oder Brust legen, um Druck auszuüben.

Dann atmen Sie sechs Sekunden lang ein und halten die Luft vier Sekunden lang an. Achten Sie darauf, ob Sie den Rhythmus Ihres Herzschlags spüren können, und verwenden Sie diesen als Zählung von vier. Atmen Sie acht Sekunden lang aus und halten Sie die Luft vier Sekunden lang an; wiederholen Sie dies. Wenn Sie das Gefühl haben, dass Sie die Zeit des Ausatmens verlängern können, versuchen Sie das zu tun. Die Dauer des Ausatmens ist es, die den Vagusnerv wirklich aktiviert und Sie an einen Ort der Entspannung bringt. Eine letzte Möglichkeit, sich noch weiter zu entspannen, besteht darin, sich auf den Rücken zu legen, die Knie anzuheben und die Füße fest auf den Boden zu stellen. Legen Sie etwas unter Ihr Gesäß und Ihren unteren Rücken. Dadurch wird sichergestellt, dass Ihr Becken höher liegt als Ihr Kopf. Wenn zu viel Blut in Richtung Kopf fließt, alarmiert dies sofort den Vagusnerv, der Ihren Herzschlag verlangsamt und Sie entspannt. Atmen Sie ein, bis Sie sich mit Luft versorgt fühlen. Schlucken Sie und atmen Sie länger aus als Sie eingeatmet haben. Legen Sie danach eine kurze Pause ein, bis Sie das Bedürfnis verspüren, wieder einzuatmen. Dann atmen Sie ein, bis Sie sich wieder ausreichend mit Luft versorgt fühlen. Schlucken Sie und atmen Sie länger aus, als Sie eingeatmet haben. Machen Sie eine Pause, bis Sie wieder einatmen müssen. Wiederholen Sie dies immer wieder. Dadurch sollten Sie in einen Zustand tiefer Entspannung und Gelassenheit eintreten.

## ATEMÜBUNG #2

Die nächste Übung ist eine schöne und einfache Übung, die Sie jederzeit anwenden können und die den Vagusnerv aktiviert. Die Vokalisierung von Geräuschen kann sehr wohltuend sein - deshalb fühlt sich Singen normalerweise so gut an. Das erste Geräusch, das Sie machen sollten, ist ein "mmm"-Laut. Atmen Sie tief ein - mit dem Bauch, nicht flach mit der Brust - und machen Sie beim Ausatmen diesen "mmm"-Laut, so lange Sie können. Atmen Sie noch einmal tief ein, und wenn Sie ausatmen, machen Sie diesmal einen "Ahhh"-Laut. Atmen Sie tief ein, und wenn Sie einatmen, machen Sie einen "ooh"-Laut. Zum Schluss atmen Sie tief ein und machen alle drei Laute hintereinander, bis Ihnen die Puste ausgeht: "mmm, ahhh, ooh". Diese Laute sind eine wirklich gute Möglichkeit, den Vagusnerv zu aktivieren, wenn Sie sich gestresst fühlen.

## GEFÜHRTE MEDITATION

Ich werde Ihnen nun eine geführte Meditation zur Vagusnerv-Stimulation anbieten. Wie alle Vagusnerv-Übungen soll auch diese Ihnen helfen, sich zu entspannen, sich ruhig zu fühlen und jegliche Anspannung zu lösen. Dafür müssen Sie sicherstellen, dass Sie bequem sitzen.

- **1: Achten** Sie darauf, dass Sie aus dem Bauch und dem Zwerchfell atmen und nicht flach aus dem Brustkorb atmen. Atmen Sie sechs Sekunden lang ein und halten Sie die Luft vier Sekunden lang an.

- **2: Atmen Sie** acht Sekunden lang aus und halten Sie die Luft vier Sekunden lang an.

- **3: Wiederholen** Sie diese Übung mehrmals.

- **4: Das Wichtigste ist**, dass die Ausatmung länger dauern sollte als die Einatmung. Selbst wenn Sie so entspannt sind, dass Sie aufhören zu zählen, müssen Sie darauf achten, dass das Ausatmen länger dauert als das Einatmen. Dieses lange Ausatmen stimuliert den Vagusnerv, lässt Sie ruhig werden und löst jegliche Anspannung.

- **5: Sie können Ihre Atmung anhalten,** Sich wieder Ihres ganzen Körpers bewusst werden, und wenn Sie sich bereit fühlen, können Sie Ihre Augen öffnen.

## PENDELN

Pendeln ist ein Begriff, der vom König des somatischen Erlebens, Peter Levine, entwickelt wurde. Wie der Name schon vermuten lässt, beschreibt er etwas, das einem Pendel ähnelt, aber was in diesem Fall schwingt, sind Ihre Gefühle, Emotionen und Ihr Nervensystem. Sie schwingen zwischen diesem Zustand, der Angst und Kampf oder Flucht bedeutet, und dem ruhigen und entspannten Zustand, in dem Ihr Vagusnerv stimuliert wird und Ihr Vagustonus hoch ist. Wenn ein Mensch lernen kann, sich zwischen diesen beiden Zuständen zu bewegen, kann er lernen, in den anderen Zustand zu wechseln, wenn er in einen Zustand der Angst oder des Stresses gerät und sich angespannt oder schmerzhaft fühlt, und hat dann eine Chance, entspannter, friedlicher und gelassener zu werden. Natürlich ist es nie ganz so einfach. Manchmal kann man sich nur in einen weniger schmerzhaften oder weniger ängstlichen Zustand versetzen, aber das ist immer noch ein besserer Zustand als der, in dem man angefangen hat. Das bedeutet auch, dass Sie diese dunklen und beunruhigenden Orte in kleinen Stücken erreichen können. Sie haben die Kontrolle, also müssen Sie nicht alles auf einmal durchmachen. Sie können sich damit auseinandersetzen und dann in Ihren sicheren und geschützten Raum zurückkehren. Denn wie können Sie wirklich wissen, was es heißt, sich glücklich zu fühlen, wenn Sie nicht auch traurig gewesen sind? Wie können Sie wissen, was Ruhe bedeutet, wenn Sie sich nicht gestresst fühlen? Beide Zustände müssen existieren, und wir müssen sowohl das Negative als auch das Positive verstehen und schätzen lernen.

Peter Levine vergleicht es mit Kontraktion und Expansion: Der Grundrhythmus des Lebens ist Kontraktion und Expansion. Wenn ein Mensch jedoch traumatisiert ist, wird der Rhythmus zur Kontraktion und zu nichts anderem. Durch Pendeln kann die Kontraktion langsam zu einer Ausdehnung geöffnet werden. Dann gibt es immer noch eine Kontraktion - den Lebensrhythmus -, aber es gibt eine Ausdehnung, bis die Person in der Lage ist, die Kontraktion zu tolerieren, weil sie weiß, dass eine größere Ausdehnung bevorsteht. Diejenigen, die mit dem Leben glücklich sind und es in vollen Zügen leben, lernen, die Kontraktion zu respektieren und zu schätzen, weil sie wissen, dass sie zur Expansion führt, wenn sie ruhig und offen sind (Somatic Experiencing International, 2019).

Gleich werden wir uns eine Pendelübung ansehen. Diese erste Übung ist besonders nützlich, wenn Sie Schmerzen oder Verspannungen in einem bestimmten Teil Ihres Körpers haben.

## PENDELAUSÜBUNG

Bei dieser Übung werden Sie an zwei Stellen Ihres Körpers denken. Denken Sie zunächst an den Teil Ihres Körpers, der schmerzt. Wir müssen den Schmerz im Körper anerkennen, bevor wir an etwas anderes denken. Ich stelle oft fest, dass mein oberer Rücken ziemlich schmerzt, wenn ich am Schreibtisch nicht richtig gesessen habe. Deshalb konzentriere ich mich bei dieser Übung auf diesen Bereich und erkenne den Schmerz an, aber gleichzeitig reibe ich ihn vielleicht und zeige ihm, dass ich ihn mag. Denken Sie dann an einen Teil Ihres Körpers, der nicht schmerzt und der Ihnen keine Probleme bereitet. Vielleicht ist es Ihr Haar, vielleicht ist es Ihr großer Zeh. Was auch immer es ist, denken Sie daran, wie gut es ist, wie schmerzfrei es ist und wie es Ihnen hilft, das zu erreichen, was Sie wollen. Wechseln Sie dann zwischen den beiden - denken Sie an den Schmerz und dann an den guten Teil Ihres Körpers. Das Hin- und Herpendeln ist der Pendelaspekt. Ziehen Sie den Schmerz zusammen und dehnen Sie den Teil Ihres Körpers aus, der gut ist. Wie gesagt, diese Übung ist gut, wenn Sie einen bestimmten Teil Ihres Körpers als schmerzend empfinden oder wenn Sie ängstlich sind und sich das als körperliches Symptom manifestiert hat. Konzentrieren Sie sich darauf - vielleicht ist es eine Magenverstimmung, ein Kopfschmerz oder vielleicht jucken Ihre Arme. Denken Sie nun an einen Teil Ihres Körpers, der nicht betroffen ist, und wechseln Sie zwischen den beiden. Ihre Angst sollte allmählich nachlassen, wenn Sie sich die Angst eingestehen, aber auch einen Teil Ihres Körpers anerkennen, der gut für Sie arbeitet. Vielleicht möchten Sie Ihre Atmung verlangsamen, während Sie den Wechsel vollziehen, um Ihnen diese zusätzliche Ebene und die Aktivierung Ihres Vagusnervs zu geben, die Ihnen helfen, sich zu beruhigen.

## SOMATISCHE TITRATION

Titration mag einen kompliziert klingenden Namen haben, aber es ist kein komplexes Konzept, das man verstehen muss. Es ist ein Prozess, bei dem man sich langsam an das Trauma herantastet. Wenn eine Person ihr Trauma auf einmal verarbeiten würde, wäre das zu viel und sie würde überfordert sein. Es ist ein Prozess, bei dem man sich langsam an sein Trauma erinnert und sich damit anfreunden kann. Es geht nicht nur um die Verlangsamung des Traumas, sondern auch darum, sich Zeit zu nehmen, um die Gefühle des Körpers, die Empfindungen, die man wahrnimmt, und die Welt um einen herum wahrzunehmen. Man könnte sagen, dass das Pendeln die Titration nutzt, weil man sich nicht nur auf den Teil konzentriert, der schmerzt: Man konzentriert sich eine Zeit lang darauf, dann auf etwas, das nicht weh tut, und kommt dann wieder zurück. Man denkt langsam über das Trauma nach. Man konzentriert sich nicht ewig auf den Teil, der schmerzt, bis er einen völlig überwältigt.

Der Name "Titration" stammt von einem Begriff aus der

Chemie, der beschreibt, wie man potenziell gefährliche Chemikalien langsam in ein Becherglas tropft, damit die chemische Veränderung - die Umwandlung dieser Chemikalien in eine harmlose Substanz - gefahrlos vonstatten geht. Die unsichere Variante wäre, die Chemikalien auf einmal einzufüllen, was zu einer Explosion führen würde.

## KOGNITIVE VERHALTENSTHERAPIE

Die kognitive Verhaltenstherapie (KVT) ist eine Therapieform, die sich speziell an Menschen richtet, die unter psychischen Problemen leiden. Sie basiert auf der Theorie, dass Menschen Denkweisen haben, die für sie nicht förderlich sind, und dass diese nicht förderlichen Denkweisen zu einer Gewohnheit oder einem Verhaltensmuster werden. Indem man den Menschen hilfreichere Denkweisen beibringt, können sie viel besser mit ihren Ängsten, Depressionen oder anderen Problemen zurechtkommen und sich vielleicht sogar von diesen Problemen befreien.

Da es bei der CBT darum geht, die Art und Weise, wie Sie über Dinge denken, und Ihre Denkverhaltensmuster zu ändern, gehört es in der Regel dazu, dass eine Person erkennt, wo ihr Denken übertrieben oder weniger moderiert ist. Es wird versucht, die Person dazu zu bringen, die Realität der Situation zu erkennen und ihr Denken entsprechend zu ändern. Sie kann bestimmte Problemlösungsfähigkeiten vermitteln, um der Person in besonders komplexen Situationen zu helfen. Es kann auch dazu gehören, der Person Vertrauen in sich selbst und ihre Instinkte zu vermitteln.

Enge Familienangehörige von mir haben an einer CBT teilgenommen. Ich erkenne und schätze zwar ihre Fähigkeit, eine Person dazu zu bringen, mit dem, was sie durchmacht, besser zurechtzukommen – sie mit einem Instrumentarium auszustatten, das sie anwenden können, wenn sie das Gefühl haben, dass die Dinge außer Kontrolle geraten –, aber sie geht nicht immer auf die eigentliche Ursache des Problems ein. Oft wird die eigentliche Ursache der Depression oder Angst übersehen.

Ich kann jedoch nicht leugnen, dass es Beweise dafür gibt, dass die CBT das Leben eines anderen Menschen stark verändern und ihm helfen kann, seine Schwierigkeiten zu bewältigen und zu kontrollieren. Eine Studie zur Analyse kontrollierter Studien kam zu dem Schluss, dass die CBT bei der Behandlung von schweren Depressionen wirksam ist, auch wenn ihre Wirkung allgemein nicht sehr groß ist (Lynch et al., 2009). Eine ähnliche Studie, die sich mit früheren Daten befasste, kam zu dem Schluss, dass CBT in vielen Fällen von Depressionen, Angstzuständen, Panikstörungen, sozialen Phobien und PTBS wirksam ist (Butler at al., 2006). Da es empirische Belege für die Wirksamkeit der CBT gibt, wurde sie als offizielle Behandlung für Menschen mit psychischen Problemen eingesetzt.

Sie denken vielleicht, CBT sei etwas, das man mit einem Therapeuten zusammen machen muss, aber in Wirklichkeit gibt Ihnen der Therapeut die Werkzeuge an die Hand, die Sie in Ihrem täglichen Leben einsetzen können, um Ihre schlimmsten Gedanken und Gefühle zu bekämpfen. Im Großen und Ganzen ist es möglich, selbst Übungen zu machen. Ich werde Ihnen hier eine ausgezeichnete, einfache CBT-Übung vorstellen, die Sie durchführen können. Diese Übung ist besonders für diejenigen geeignet, die oft depressiv oder möglicherweise ängstlich sind.

## CBT-ÜBUNG #1

Schreiben Sie zunächst die negativen Gedanken auf, die Sie in Ihrem Kopf haben. Vielleicht ist es: "Niemand mag mich", "Ich bin nutzlos" oder ein anderer destabilisierender Gedanke. Schreiben Sie dann die entgegengesetzte positive Möglichkeit auf: "Ich bin liebenswert" oder „ich bin nützlich". Anfänglich kann es sehr schwer sein, die zweite Aussage zu akzeptieren. Doch mit der Zeit, je öfter Sie die Übung wiederholen und je wohler Sie sich mit sich selbst fühlen, desto mehr werden Sie die zweite Aussage als Tatsache akzeptieren.

## CBT-ÜBUNG #2

Eine weitere Übung, die Sie durchführen können, ist, wenn Sie von Natur aus negativ über etwas denken. Versuchen Sie, diesen negativen Gedanken zu ignorieren und sich stattdessen auf fünf positive Dinge zu konzentrieren. Stellen Sie sich vor, Sie mögen einen Raum nicht, weil Sie den Teppich hassen. Versuchen Sie, an fünf positive Dinge zu denken - Sie mögen die großen Fenster, Sie mögen die großen Türen, Sie mögen die Bilder an den Wänden, Sie mögen die Rundung des Tisches und Sie mögen das Licht, das durchkommt, wenn es draußen sonnig ist. Versuchen Sie, fünf gute Dinge an dem zu finden, was Sie als negativ empfinden. Wenn Sie jemanden finden, mit dem Sie das gemeinsam tun können, ist das sogar noch besser: Sie können sich gegenseitig unterstützen und sich für die Suche nach positiven Aspekten begeistern.

## ENERGIE-PSYCHOLOGIE

Was ist Energiepsychologie? Nun, David Feinstein, ein früher Verfechter der Energiepsychologie, hat sie treffend als "Akupunktur ohne Nadeln" beschrieben ("Energy Psychology", 2017). Auch wenn das eine gewisse Vereinfachung darstellt, ist es doch eine genaue Beschreibung. Bei der Energiepsychologie werden verschiedene Punkte auf dem Körper geklopft, die dann Botschaften an das Gehirn senden, um die Emotionen und Gefühle zu regulieren und die Person zu beruhigen und zu entspannen. Normalerweise wird das Klopfen in Verbindung mit der Bewusstwerdung des Körpers und der Gefühle, Gedanken und Verhaltensweisen, die geändert werden müssen, durchgeführt. Jemand, der sich dieser Art von Therapie unterzieht, wird möglicherweise gebeten, sich an ein traumatisches Ereignis zu erinnern, während das Body Tapping durchgeführt wird.

Wenn ein Trauma im Körper gefangen ist, kann das Klopfen ein Weg sein, dieses Trauma zu lösen und einer Person Erleichterung und Frieden zu bringen. Es gibt verschiedene Arten und Techniken der Energiepsychologie, die praktiziert werden. ("Energiepsychologie", 2017) Dazu gehören:

- **Gedankenfeldtherapie (TFT):** Bei dieser Therapieform muss das Körperklopfen in einer ganz bestimmten Reihenfolge erfolgen. Eine Person muss sich an ein traumatisches Ereignis erinnern, und dann wird in der erforderlichen Reihenfolge geklopft. Diese Therapieform wurde von Dr. Roger Callaghan entwickelt, der behauptete, Algorithmen für die richtige Reihenfolge des Klopfens entwickelt zu haben.

- **Tapas-Akupressur-Technik (TAT):** Das Wort Tapas macht mich hungrig. Diese Technik hat jedoch nichts mit dem mundgerechten spanischen Essen zu tun. Der Titel dieser Technik ist nach dem Mann benannt, der sie erfunden hat: Tapas Fleming. Bei dieser Technik muss jemand mit den Fingern Druck auf die Bereiche um die Augen, über der Nase und am Hinterkopf ausüben. Die Person muss sich dann möglicherweise auf Bilder konzentrieren, die ihr in der Vergangenheit Kummer bereitet haben, und sich dann auf positivere Bilder konzentrieren. Sie können sich dann auf das konzentrieren, was ihrer Meinung nach ihre Probleme verursacht hat, und sich dann auf Heilung und Vergebung konzentrieren.

- **Emotional Freedom Techniques (EFT):** Diese Technik ist den anderen nicht unähnlich. Sie erfordert, dass sich die Person an ein traumatisches Ereignis erinnert und dann in einer bestimmten Reihenfolge 12 Punkte am Körper beklopft, während die Person Affirmationen ausspricht. Diese Technik wurde von Gary Craig entwickelt und ist eine Variante der "Gedankenfeldtherapie".

Das klingt vielleicht nach Praktiken, für die man einen Therapeuten bräuchte, aber es sind alles Techniken, die man sich selbst aneignen und selbst durchführen kann. Wie bei allen Therapien und Techniken in diesem Buch ist es einfach, Zeit zu finden, um sie in die tägliche Routine einzubauen.

Wie bei vielen neuen Therapien stehen echte wissenschaftliche Beweise für den wahren Wert der Energiepsychologie noch aus, aber es gibt Forschungsergebnisse, die darauf hindeuten, dass sie sich positiv auf Menschen auswirken kann, die unter Trauma, Angst und Stress leiden. Feinstein untersuchte alle durchgeführten Studien und kam zu dem Schluss, dass die Energiepsychologie bei der Behandlung von Menschen mit emotionalen und psychologischen Problemen einen wertvollen Unterschied macht (Feinstein, 2012). Natürlich ist Feinstein ein großer Befürworter der Energiepsychologie, daher muss man seine Aussagen mit Vorsicht genießen. Allerdings verweist er auf viele unabhängige Studien aus der ganzen Welt, so dass man auch zu dem Schluss kommen kann, dass etwas dran sein muss, wenn so viele Menschen den positiven Unterschied bemerken, den sie bewirken können. Ich persönlich bin ein großer Befürworter des EFT-Klopfens und stelle sicher, dass ich mindestens drei Sitzungen pro Tag durchführe. Ich habe bei meinen Ängsten, meiner Zwangsstörung und zahllosen anderen Merkmalen einen tiefgreifenden positiven Unterschied festgestellt.

## ENERGIEPSYCHOLOGISCHE ÜBUNG #1

Sind Sie bereit, eine energiepsychologische Übung auszuprobieren? Dann nichts wie los. Stellen Sie zunächst sicher, dass Sie irgendwo bequem sitzen. Suchen Sie nun einen Bereich auf der linken Seite Ihrer Brust oder direkt darüber, der sich vielleicht ein wenig wund oder angespannt anfühlt. Reiben Sie diese Stelle ein wenig mit Ihren Fingern - machen Sie

Kreise mit Ihren Fingern über diesen Bereich - und sagen Sie gleichzeitig einige Affirmationen. Sagen Sie zum Beispiel: "Ich liebe, respektiere und schätze mich selbst - auch mit meinen Fehlern." Das können Sie immer wieder sagen, während Sie die wunde Stelle reiben. Atmen Sie dann tief ein und atmen Sie ganz langsam aus. Halten Sie einen Moment inne und überlegen Sie, wie Sie sich fühlen und wie sich Ihr Körper danach anfühlt.

## ENERGIEPSYCHOLOGIE-ÜBUNG #2

Für die nächste Übung kreuzen Sie den linken Knöchel über den rechten und strecken die Arme in der Luft vor sich aus - mit den Daumen nach unten. Machen Sie mit den Händen das Gegenteil von dem, was Sie mit den Knöcheln gemacht haben. Verschränken Sie die Hände, sodass die Finger ineinander greifen, und rollen Sie die Hände ein. Legen Sie dann Ihre Hände so bequem wie möglich auf Ihre Brust. Nun atmen Sie durch die Nase ein und durch den Mund aus. Machen Sie dies fünfmal. Danach können Sie sich entspannen. Lösen Sie alles und halten Sie noch einmal inne, um zu überlegen, wie Sie und Ihr Körper sich fühlen. Dann machen Sie die gleiche Übung, aber diesmal legen Sie den rechten Knöchel über den linken und die linke Hand über die rechte. Drehen Sie Hände und Arme wieder nach innen, und atmen Sie wie beim letzten Mal fünfmal durch die Nase ein und durch den Mund aus. Wenn Sie das getan haben, entspannen Sie sich und lassen Sie alles los. Nehmen Sie sich einen Moment Zeit, um darüber nachzudenken, wie Sie sich fühlen und wie sich Ihr Körper anfühlt. Zum Schluss, um die Sache abzurunden, legen Sie die fünf Finger beider Hände zusammen und nach oben, so dass Sie mit Ihren Händen eine Art Pyramide bilden. Fühlen Sie sich in diesem Moment präsent und bewusst. Atmen Sie tief durch den Bauch und nicht durch die Brust. Nach ein paar Atemzügen entspannen Sie sich und denken wieder darüber nach, wie Sie sich fühlen.

### ENERGIEPSYCHOLOGISCHE ÜBUNG #3

Wenn Sie sich mit der Übung zum Überkreuzen der Knöchel und Hände sicher fühlen, können Sie eine etwas komplexere Version durchführen. Dabei schauen Sie beim Einatmen nach oben zur Decke oder zum Himmel und beim Ausatmen nach unten zum Boden. Um die Sache für Sie noch komplizierter zu machen, bewegen Sie Ihre Zunge beim Einatmen zum Gaumen und beim Ausatmen zum Mundboden. Bei dieser Version der Übung müssen Sie sich einiges merken. Beginnen Sie also mit der einfachen Übung, und wenn Sie diese gut beherrschen, können Sie vielleicht zu dieser komplexeren Version übergehen und sehen, wie es läuft. Danach entspannen Sie sich und kreuzen alles auf. Machen Sie noch einmal die Pyramidenform mit den Händen und nehmen Sie sich etwas Zeit, um im Moment zu sein und wahrzunehmen, wie sich Ihr Körper anfühlt. Wie Sie sehen, müssen Sie sich nicht an die Stirn klopfen oder sich hinlegen und in schwierige Positionen bringen. Diese Übung können Sie leicht in Ihren Tag einbauen - vielleicht nach dem Aufwachen oder vor dem Schlafengehen. Wann immer Sie ein paar Minuten für sich haben, sollten Sie diese Übungen durchführen.

## SENSOMOTORISCHE PSYCHOTHERAPIE

Die Leute, die für die Namensgebung von Therapien verantwortlich sind, lieben es, ihnen schwierige Namen zu geben, nicht wahr? Die sensomotorische Psychotherapie leitet sich von der Sensomotorik ab, auf die wir in diesem Buch bereits bei der Erörterung der sensomotorischen Amnesie gestoßen sind. Diese Art der Psychotherapie konzentriert sich, wie die meisten somatischen Therapien, auf den Körper, um verschüttete Traumata zu lösen und zu befreien.

Pat Ogden entwickelte diese Art von Therapie, nachdem sie in einer psychiatrischen Klinik gearbeitet und festgestellt hatte, dass die Patienten dort ihre körperlichen Beschwerden nie mit ihren psychischen Problemen in Verbindung brachten. Sie stellte fest, dass diejenigen, die an einer Therapie teilnahmen, dazu neigten, ihre traumatischen Erlebnisse erneut zu durchleben und auszulösen, und dass diese nicht wirklich zur Heilung beitrugen. Ogden machte sich daran, diese Situation zu korrigieren, indem sie Elemente der Psychotherapie mit Elementen der somatischen Therapie kombinierte etwas, das die Verbindung zwischen Körper und Geist betonte, statt sie zu ignorieren. Ogden schloss sich mit Ron Kurtz zusammen, und gemeinsam gründeten sie ein Ausbildungsinstitut, das als Sensomotorisches Psychotherapie-Institut bekannt wurde (Sensomotorische Psychotherapie, 2015).

Wie die meisten somatischen Therapien geht auch die sensomotorische Psychotherapie davon aus, dass sich ein Trauma im Körper festsetzen kann, wenn es nicht vollständig verarbeitet wird, so dass es zu körperlichen und psychischen Problemen führen kann. Sie versucht, das Trauma in einem sicheren Raum abzuschließen. Sie glaubt nicht unbedingt, dass die genauen Einzelheiten eines Traumas in Erinnerung gerufen werden müssen, um es wirksam zu lösen.

Obwohl die Art und Weise, wie die sensomotorische Psychotherapie angewandt wird, je nach Therapeut und Problemstellung variieren kann, gibt es drei Hauptelemente, auf die man sich konzentrieren sollte:

- **1: Einen sicheren Raum schaffen:** Dies ermöglicht es einer Person, sich wohl zu fühlen und sich ihres Körpers, ihrer Gefühle und Empfindungen, ihrer Bewegungen und ihrer Atemmuster wirklich bewusst zu werden. Ein Ort, an dem sich die Person geschützt fühlt, hilft ihr wirklich, sich ihres Körpers und dessen Gefühle bewusst zu werden, sowohl im Moment als auch in Bezug auf vergangene Erfahrungen.
- **2:** Wenn sich eine Person an ihr traumatisches Erlebnis erinnert, wird sowohl notiert, **was sie fühlt**, als auch **wo sie** es **fühlt**. Wenn eine Person zum Beispiel sagt, dass sie sich ängstlich fühlt, wo fühlt sie es dann? Fühlt sich ihr Magen wie verknotet an? Verursacht es Kopfschmerzen? Hat die Person das Bedürfnis, sich zu kratzen? Dies kann dann bei dem Versuch helfen, traumatische Ereignisse durch Einbeziehung dieser Körpergefühle zu re-imaginieren.
- **3:** Die Person muss **die erforderliche Handlung ausführen**, die es ihr ermöglicht, das Trauma zu lösen. Dies sollte der Person ein Gefühl der Befriedigung geben, da sie endlich tut, was getan

werden muss, und das Trauma hinter sich lässt. Die Person sollte in der Lage sein, die Ruhe und den Frieden zu finden, der entsteht, wenn das Trauma endlich in die Vergangenheit verschoben wird und dort bleibt.

Die sensomotorische Psychotherapie zielt darauf ab, den Menschen die Fähigkeit zu vermitteln, ihre Reaktionen auf traumatische Ereignisse zu kontrollieren, und ein Bewusstsein dafür zu schaffen, wie sich ein Trauma auf den Körper - und nicht nur auf den Geist - auswirken kann. Außerdem soll sie die Möglichkeit bieten, zwischen der Vergangenheit und der Gegenwart zu unterscheiden. Sie hilft dabei, Gedanken und Gefühle - sowohl im Kopf als auch im Körper - zu berücksichtigen, anstatt sich von einem traumatischen Ereignis überwältigen zu lassen.

Über die Wirksamkeit der sensomotorischen Psychotherapie gibt es noch nicht viele Untersuchungen. Eine Studie wurde jedoch an zehn Frauen mit einer Vorgeschichte von Kindesmissbrauch durchgeführt. Sie nahmen an 20 wöchentlichen Gruppentherapiesitzungen auf der Grundlage der sensomotorischen Psychotherapie teil. Die Studie kam zu dem Schluss, dass sich die Körperwahrnehmung, die Dissoziation und die Akzeptanz von Frieden und Ruhe deutlich verbessert haben (Langmuir et al., 2012).

Ein Aspekt, der in der sensomotorischen Psychotherapie häufig eingesetzt wird, ist die Erdung. Wenn man das Gefühl hat, den Halt in der Welt verloren zu haben und sowohl geistig als auch körperlich unsicher zu sein, ist Erdung gefragt. Erdungsübungen werden als die Fähigkeit beschrieben, die Füße fest auf den Boden zu stellen und sich die Zeit zu nehmen, den eigenen Körper und alles um einen herum wahrzunehmen. Hier sind ein paar elementare Erdungsübungen, die Sie überall praktizieren können:

- Es gibt ein paar Variationen, die Sie machen können. Sie können eine Hand auf die Stirn und eine Hand auf das Herz legen, eine Hand auf die Stirn und den Bauch oder eine Hand auf das Herz und eine Hand auf den Bauch. Suchen Sie sich eine Kombination aus, oder probieren Sie sie alle aus. Wenn Sie in der richtigen Position sind, üben Sie mit Ihren Händen ein wenig Druck aus und atmen Sie dann tief ein.

- Reiben Sie Ihre Hände aneinander, besonders die Handflächen. Stellen Sie sich das so vor, als hätten Sie einen Stock zwischen den Händen und müssten Feuer machen. Sobald sich deine Handflächen durch die Reibung erwärmt haben, lege sie über deine Augen, übe ein wenig Druck aus und atme tief ein.

- Kreuzen Sie Ihre Arme und fassen Sie Ihre Oberarme, so dass Ihre linke Hand z. B. auf Ihrem rechten Oberarm liegt. Drücken Sie sanft zu und fahren Sie damit fort, Ihre Arme abwärts und wieder aufwärts zu bewegen.

- Legen Sie Ihre rechte Hand auf die linke Seite Ihrer Brust und streichen Sie (wie bei einer Katze) von der Schulter zum Herzen hinunter. Ich muss sagen, dass ich das besonders tröstlich finde, aber man sagt ja auch, dass das Streicheln einer Katze

therapeutisch sein kann; vielleicht ist es das
Streicheln, das ich tröstlich finde.

- Stellen Sie einen Fuß auf den anderen und üben Sie
ein wenig Druck aus. Wechseln Sie die Füße und
machen Sie dasselbe.

Dies sind nur einige einfache Übungen, die Sie zu Hause durchführen können. Im Allgemeinen ist die sensomotorische Psychotherapie eine Therapieform, die mehr als andere Therapien einen Therapeuten benötigt, der Sie anleitet und für Sie interpretiert. Dennoch ist es nichts, was Sie sich nicht selbst beibringen können. Mit den Erdungsübungen habe ich Ihnen bereits einen Vorsprung an Aktivitäten gegeben, die Sie leicht zu Hause praktizieren können.


## GESTALTTHERAPIE

In der Gestalttherapie geht es darum, sich auf das zu konzentrieren, was gerade geschieht, und die Gegenwart nicht auf das zu stützen, was in der Vergangenheit geschehen sein mag. Diejenigen, die sich einer Gestalttherapie unterziehen, werden aufgefordert, sich diese vergangenen Erfahrungen neu vorzustellen. Durch die verschiedenen Techniken und Werkzeuge wird ihnen bewusst, wie sich ihre eigenen Denkmuster und Verhaltensweisen negativ auf ihr Leben auswirken. Wenn sie diese Wege ändern können, können sie ein erfülltes Leben finden.

Das Wort "Gestalt" kann "ganz" bedeuten, und der Psychotherapeut Fritz Perls, der diese Therapieform entwickelt hat, glaubte fest daran, dass der Mensch als Ganzes -

Geist, Körper und Seele - behandelt werden muss. Er glaubte auch, dass Menschen nur dann wirklich verstanden werden können, wenn sie die Dinge mit ihren eigenen Augen sehen, nicht indem sie geistig in die Vergangenheit zurückgehen und dort verweilen, sondern indem sie die Vergangenheit in die Gegenwart holen. Die Gestalttherapie vertritt die Auffassung, dass es nicht ausreicht, nur darüber zu sprechen, wie sich eine Person in der Vergangenheit gefühlt hat, sondern dass man diese Gefühle in der Gegenwart nachstellen muss. Wenn man es versäumt, die Gefühle in der Gegenwart hervorzuholen, kann dies zu psychischen und physischen Gesundheitsproblemen führen. Peris war der festen Überzeugung, dass wir nicht auf die Welt gekommen sind, um zu versuchen, den Erwartungen anderer Menschen gerecht zu werden, und dass auch andere Menschen nicht verpflichtet sind, den unseren gerecht zu werden (Clarke, 2021). Indem man den Menschen die Möglichkeit gibt, sich ihrer selbst bewusst zu werden, werden sie die Verbindung zwischen Geist und Körper zu schätzen wissen und bessere Wege finden, mit all den Pfeil und Bogen umzugehen, die der Alltag auf sie abfeuern kann.

Aber funktioniert sie? Nun, eine in Hongkong durchgeführte Studie über ängstliche Eltern ergab, dass die Eltern nach einer vierwöchigen Gestalttherapie ein niedrigeres Angstniveau aufwiesen, weniger bereit waren, innere Erfahrungen zu vermeiden, freundlicher zu sich selbst waren und mehr Achtsamkeit an den Tag legten als diejenigen, die die Therapie nicht durchliefen (Leung & Khor, 2017). Eine Studie, die an Frauen mit Depressionen durchgeführt wurde, ergab, dass die Depressionen durch die Gestalttherapie wirksam reduziert wurden (Heidari et al., 2017). Warum sich diese Studien auf Frauen zu konzentrieren scheinen, ist mir nicht klar. Eine an geschiedenen Frauen durchgeführte Studie kam jedoch zu dem Schluss, dass die Frauen nach 12 Sitzungen der Gestalttherapie viel mehr Selbstvertrauen in ihre Fähigkeiten zeigten (Saadati & Lashani, 2013).

Ich würde sagen, dass die Gestalttherapie eine Therapieform ist, die man am besten mit einem Therapeuten und nicht allein praktiziert. Es gibt jedoch einfache und unkomplizierte Übungen zur Gestalttherapie, die Sie zu Hause durchführen können, wenn Sie diesen Bereich erforschen möchten.

## GESTALTTHERAPIE-ÜBUNG #1

Diese Übung ist als Body-Scan-Meditation bekannt und hilft uns, uns mit unserem Körper zu verbinden - ein wesentlicher Bestandteil der Gestalttherapie und der somatischen Heiltherapie. Suchen Sie sich einen bequemen und ruhigen Platz, um sich hinzulegen. Schließen Sie die Augen und nehmen Sie Ihren Atem wahr, wie die Luft in den Körper ein- und ausströmt und wie sich Ihr Bauch hebt und senkt. Nehmen Sie sich ein paar Minuten Zeit, um sich darauf zu konzentrieren, wie Sie atmen und nehmen wahr was Ihr Körper tut. Konzentrieren Sie sich nach diesen Minuten auf die Zehen Ihres linken Fußes und stellen Sie sich vor, wie Ihr Atem durch den ganzen Körper, das Bein hinunter und in die Zehen strömt. Konzentrieren Sie sich auf alle Gefühle, die Sie in Ihren Zehen haben, und bleiben Sie bei diesen Gefühlen - seien Sie neugierig auf sie. Bewegen Sie nun Ihren Fokus entlang Ihres Fußes - von den Zehen hinunter zur Ferse und zum Knöchel Ihres Fußes. Lassen Sie sich Zeit, nach unten zu gehen. Konzentrieren Sie sich jedes Mal wieder auf diesen Teil des Fußes und stellen Sie sich vor, wie Ihr Atem zu diesem Teil Ihres Körpers hinunterfließt und was Ihr Körper dabei fühlt.

Bewegen Sie sich durch Ihr ganzes Bein bis zum Becken und machen Sie dasselbe. Dann machen Sie dasselbe mit dem anderen Bein. Konzentrieren Sie sich nun auf den Bauch und den unteren Rücken, dann auf den oberen Rücken und die Brust und den Rest des Körpers hinauf bis zu den Schultern. Konzentrieren Sie sich dann auf die Finger beider Hände gleichzeitig und wandern Sie beide Arme hinauf, bis Sie wieder bei den Schultern angelangt sind. Nun verlagern Sie Ihren Fokus auf den Kopf und wandern über den Hals, das Kinn, den Mund, die Nase, die Augen und alles andere nach oben, über den Hinterkopf und enden am Scheitel. Wechseln Sie nun Ihren Fokus auf Ihren ganzen Körper und spüren Sie, wie Ihr Atem durch den Kopf ein- und durch die Zehenspitzen wieder ausströmt. Spüren Sie dann, wie er durch die Zehenspitzen ein- und durch den Kopf wieder ausströmt; machen Sie das ein paar Minuten lang. Dann werden Sie sich langsam wieder bewusst, wie sich Ihr Bauch mit jedem Atemzug hebt und senkt. Beginnen Sie, einige Teile Ihres Körpers zu bewegen, z. B. Ihre Hände und Füße, und wenn Sie sich bereit fühlen, öffnen Sie langsam Ihre Augen. Vielleicht möchten Sie noch eine Weile liegen bleiben, bevor Sie schließlich aufstehen und sich wieder bewegen. Sie können die Gelegenheit nutzen, um besonders starke Gefühle, die Sie während der Meditation hatten, aufzuschreiben oder zu vergleichen, wie Sie sich davor und danach gefühlt haben.

## FOKUSSIERUNGSTHERAPIE

Fokussierung ist genau das, wonach es klingt. Sie konzentrieren sich auf sich selbst und lernen, die innersten Gefühle zu hören, die Ihr Körper Ihnen mitteilen möchte. „Focusing" kann von jedem praktiziert werden, der das Verfahren erlernt hat. Es kann so oft oder so wenig angewendet werden, wie die Person, die das Focusing durchführt, es wünscht. Die Person, die das Focusing durchführt, hat die Kontrolle über das, was geschieht.

Focusing wurde erstmals von Eugene Gendlin in den 1950er Jahren entwickelt, als er untersuchte, was Menschen in der Psychotherapie besonders gut tut. Er entdeckte, dass Menschen, die scheinbar am meisten von einer Psychotherapie profitierten, Gefühle hatten, die nicht leicht zu erklären waren. Dennoch waren diese Menschen in der Lage, diesen Gefühlen Beschreibungen oder Bilder zuzuordnen. Dies führte dazu, dass die Menschen entdeckten, was noch nicht entdeckt worden war, was es der Psychotherapie ermöglichte, weiter voranzukommen. Gendlin bemerkte auch, dass dies normalerweise von einem Seufzer oder tiefen Atemzug der Person begleitet wurde, was eine Art von Befreiung bedeutete. Diejenigen, die sich mit somatischer Heilung befassen, können durchaus sagen, dass es sich um ein Trauma handelt, das losgelassen wird (Jordan, 2016).

Gendlin erfand die Fokussierung, um denjenigen zu helfen, die nicht so leicht Zugang zu der Fähigkeit haben, diese namenlosen, tief verborgenen Gefühle auszugraben. Ursprünglich schrieb er, dass die Fokussierung aus sechs Hauptschritten besteht:

- **1:** Machen Sie ein sogenanntes „Leerzeichen".
- **2:** Finden Sie diese unbekannten inneren Gefühle, die Gendlin als "gefühlten Sinn" bezeichnet.
- **3:** Finden Sie eine Beschreibung oder einen Titel für Ihren "gefühlten Sinn".
- **4:** Wiederholen Sie diese Titel oder Beschreibungen, um sicherzustellen, dass sie dem "gefühlten Sinn" entsprechen.
- **5:** Versuchen Sie zu fragen: Hier stellt sich die fokussierende Person Fragen, die nicht einfach mit einem "Ja" oder "Nein" beantwortet werden können, wie z. B. "Was war daran so schwierig? Warum kannst du das nicht hinter dir lassen? Was war daran so schön?"
- **6:** Erleben Sie eine Entspannung in Ihrem Körper, die Gendlin als "gefühlte Verschiebung" bezeichnete. Es ist natürlich für die Person, die fokussiert, sehr vorteilhaft, wenn sie eine "gefühlte Veränderung" erfährt, aber es ist nicht unbedingt notwendig. Focusing ist ein fortlaufender Prozess, so dass die Person, die das Focusing durchführt, am Anfang und am Ende an zwei sehr unterschiedlichen Orten sein kann (Jordan, 2016).

Eine Studie mit 87 Personen ergab, dass Fokussierung bei der Unterstützung von Menschen, die ein schweres Trauma erlitten haben, wirksam sein kann (Zweircan & Joseph, 2018). Einige würden sagen, dass die Beweise in Gendlins eigener Forschung zu finden sind, als er die Idee der Fokussierung entwickelte.

Lassen Sie uns nun die sechs Schritte, die Gendlin identi-

fiziert hat, in Form einer Übung durchgehen, damit Sie sehen
können, ob Fokussierung etwas ist, von dem Sie glauben, dass
es in Ihrem Leben eine Veränderung bringen kann. Diese
Übung kann bis zu 20 oder 30 Minuten dauern, Sie müssen
also etwas Platz in Ihrem Terminkalender freimachen.
Anstatt sich eine Fernsehsendung anzusehen, bei der Sie
bereits wissen, was passieren wird, können Sie stattdessen
vielleicht diese Übung machen. Sie können sich entweder auf
ein Bett legen (vielleicht machen Sie das, wenn Sie aufwachen
oder bevor Sie einschlafen) oder auf den Boden. Sie können
auch auf einem Stuhl sitzen und die Füße fest auf den Boden
stellen, wenn Ihnen das lieber ist.

- **1:** Der erste Schritt ist, Raum zu schaffen, damit
  wir eine kurze Entspannungsübung machen
  können. Machen Sie es sich bequem und atmen Sie
  tief ein. Spüren Sie das Gewicht Ihres Körpers auf
  dem Boden, dem Bett oder dem Stuhl.
  Vergewissern Sie sich, dass eventuell zu enge
  Kleidung gelockert ist, und schließen Sie die
  Augen. Atmen Sie ein und aus, und achten Sie
  dabei auf Ihren Atem. Führen Sie dies mehrmals
  durch und achten Sie nur auf Ihre Atmung. Achten
  Sie auf jede Stelle in Ihrem Körper, die angespannt
  ist. Stellen Sie sich diese Anspannung als einen
  Fluss von Wasser vor, der durch Ihren Körper und
  aus Ihren Fingern und Zehen fließt. Atmen Sie
  weiter und lassen Sie die Spannung von Ihren
  Fingern und Zehen abfließen. Finden Sie nun einen
  Ort in Ihrem Körper, an dem Sie sich friedlich
  fühlen.

- **2:** Gehen Sie langsam zur nächsten Übung über und finden Sie den "gefühlten Sinn". Halten Sie die Augen geschlossen und denken Sie an die Mitte Ihres Körpers. Versuchen Sie, sich an ein Erlebnis in der vergangenen Woche zu erinnern, das Sie beunruhigt hat oder Ihnen Schwierigkeiten bereitet hat. Denken Sie an diese Erfahrung und versuchen Sie, ein Bild davon in Ihrem Geist zu formen. Versuchen Sie, alle Gedanken, die Sie darüber hatten, beiseite zu schieben und nach dem "gefühlten Sinn" zu suchen - dem Gefühl, das Sie hatten, als das Erlebnis stattfand, und nicht, wie Sie sich danach fühlten. Lassen Sie Ihre Gedanken beiseite und versuchen Sie einfach, das Gefühl dieser Erfahrung in sich aufzunehmen.

- **3:** Jetzt müssen Sie einen Titel oder eine Beschreibung oder ein Bild für dieses "gefühlte Gefühl" finden. Halten Sie die Augen geschlossen, atmen Sie weiter und schauen Sie, ob Ihnen Worte oder Bilder in den Sinn kommen.

- **4:** Wiederholen Sie das Wort oder das Bild und schauen Sie, ob es bei Ihnen ankommt. Schauen Sie, ob es wirklich mit dem "gefühlten Gefühl" übereinstimmt, das Sie in der Mitte Ihres Körpers über Ihre Erfahrung hatten. Überprüfen Sie immer wieder das eine mit dem anderen. Sie werden wissen, dass Sie es richtig gemacht haben, weil Sie spüren, dass Ihr Körper mit Ihnen übereinstimmt.

- **5:** Was fragen Sie sich selbst? Es hängt von der jeweiligen Erfahrung ab, welche Fragen auftauchen, aber vielleicht fragen Sie sich Dinge wie: "Was ist so schwierig an dieser Erfahrung für mich?" Zwischen den einzelnen Fragen sollten Sie etwa eine Minute warten, um festzustellen, was Ihr "gefühlter Sinn" Ihnen sagt. Schauen Sie dann, welche Worte oder Bilder Ihnen einfallen, um dieses Gefühl zu benennen. Versuchen Sie nun, Ihren Körper spüren zu lassen, wie es wäre, wenn die Situation oder die Erfahrung, über die Sie nachgedacht haben, tatsächlich ganz in Ordnung wäre. Nehmen Sie sich etwa eine Minute Zeit, um das zu fühlen. Fragen Sie sich dann: "Was Sie hindert diese Erfahrung als in Ordnung wahrzunehmen?" Antworten Sie nicht mit Ihrem Verstand. Ich muss sagen, dass es mir immer schwer fällt, dieser Frage zu widerstehen, aber versuchen Sie es. Sie müssen es wieder in Ihrem Körper spüren. Wie bei den anderen Punkten kann es auch hier eine Minute dauern, bis etwas zum Vorschein kommt. Hören Sie noch einmal auf das "gefühlte Gefühl" in Ihrem Körper und denken Sie sich ein Wort oder ein Bild aus, das das darstellt, was die Erfahrung daran hindert, in Ordnung zu sein. Versuchen Sie schließlich herauszufinden, was Sie von der negativen Erfahrung zu einer positiven oder zumindest viel erträglicheren machen könnte. Auch hier gilt: Antworten Sie nicht mit Ihrem Verstand: Überlassen Sie Ihrem Körper das Reden. Hier können Sie noch ein paar Fragen stellen. "Fühlt es sich richtig an, das zu tun?" Wenn Ihr "gefühltes Gefühl" nein sagt, dann müssen Sie es noch einmal überdenken; wenn Ihr "gefühltes Gefühl" sagt: "Ja, das ist richtig", dann können Sie es dabei belassen.

Hoffentlich haben Sie am Ende das Gefühl, dass Sie eine Art Antwort auf Ihr Problem haben. Selbst wenn nicht, können sich später Lösungen ergeben. Nehmen Sie sich im Moment etwas Zeit, um innezuhalten und sich selbst zu schätzen. Schätzen Sie das "Denken", das Ihr Körper im Zusammenhang mit dem Problem, das Sie haben, vorgenommen hat.

Wenn Sie sich dazu bereit fühlen, öffnen Sie die Augen und beginnen Sie, den Raum und alles um Sie herum wahrzunehmen. Wenn Sie Glück hatten, hat sich die Spannung am Ende des fünften Schritts vielleicht gelöst. Wenn nicht, ist das in Ordnung. Wie ich schon sagte, ist das nicht der Sinn der Konzentration. Es geht darum, Ihren Körper kennenzulernen, ihn zu verstehen und ihm zuzuhören, damit Sie wirklich wissen, was Sie fühlen und was der beste Weg ist, um Ihre Probleme zu lösen.

## PSYCHODRAMA-THERAPIE

Aber keine Sorge. Hier geht es nicht um Anthony Perkins mit einer Perücke aus *Psycho* oder etwas Ähnliches. Die Psychodrama-Therapie ist eine Form der Therapie, bei der eine Person Handlungen ausführen muss, um ihre Probleme zu lösen. Dazu können Rollenspiele und Gruppentherapien gehören.

Das Psychodrama entstand Anfang des 20. Jahrhunderts dank des Psychiaters Jacob Moreno, der 1921 seine erste Psychodrama-Sitzung abhielt. Er glaubte an das Psychodrama aufgrund seiner Wertschätzung der Gruppentherapie und seines eigenen Interesses an der Theaterkunst. Die Idee hinter dem Psychodrama ist, dass eine Person durch den Einsatz dramatischer Techniken die Wahrheit finden kann. Dass sie in der Lage sind, ihr Verhalten gegenüber anderen und in bestimmten Situationen zu erkennen, und dass sie in die Lage versetzt werden, mit ihren emotionalen Problemen umzugehen, die sie in ihrem Leben haben. Es kann dazu verwendet werden, vergangene, gegenwärtige oder zukünftige Episoden durchzuspielen. Die Bearbeitung von Problemen auf diese Weise kann den Menschen eine neue Sichtweise auf ihre Probleme und die beste Art und Weise, wie sie angegangen werden können, vermitteln ("Psychodrama", 2016).

Psychodrama wird in der Regel als Gruppentherapie durchgeführt, wobei die Erfahrungen einer Person nachgespielt werden und die anderen in der Gruppe andere Rollen innerhalb dieser Situation übernehmen. Sie können jedoch Aspekte des Psychodramas auch alleine durchführen, auch wenn es nicht so einfach wie andere Therapien in Ihr tägliches Leben zu integrieren ist.

Die Psychodrama-Therapie besteht in der Regel aus drei Hauptabschnitten: Aufwärmen, Aktion und Austausch. Der Aufwärmteil dient dazu, Vertrauen und Sicherheit zu fördern und sicherzustellen, dass sich die Teilnehmer in ihrer Umgebung und in der Therapie wohlfühlen. Dazu kann es gehören, dass sich die Teilnehmer vorstellen und eine Art Rolle spielen. Im Handlungsteil wird ein Erlebnis aus dem Leben einer Person nachgespielt. Dazu werden in der Regel bestimmte Methoden angewandt, darunter:

- **Rollenumkehr:** Eine Person spielt nicht sich selbst, sondern eine andere Person, die in ihrem Leben eine wichtige Rolle spielt. Dies kann zu einem besseren Verständnis dafür führen, warum die "andere Person" sich so verhält, wie sie es tut, und somit Empathie erzeugen; es kann der Person helfen, ihre Beziehung zu der "anderen Person" besser zu verstehen.

- **Spiegeln:** Die Person wird zum Zuschauer, während andere Menschen eine Erfahrung aus dem Leben der Person nachspielen. Dies kann nützlich sein, wenn eine Person sich sehr von ihrem Wesen losgelöst fühlt, nicht in Kontakt mit ihren Emotionen und Gefühlen ist oder wenn eine Person sich außergewöhnlich negativ über die Erfahrung äußert.

- **Verdoppelung:** Eine andere Person übernimmt die Rolle der Person und drückt aus, was sie für die Gedanken und Gefühle der Person hält. Diese Methode kann verwendet werden, um entweder ein Verständnis für die Person zu entwickeln oder um auf nette Art und Weise das Verhalten der Person in diesem Szenario in Frage zu stellen.

- **Selbstgespräch:** In einer Gruppenthera-piesituation würde dies vor den anderen Mitgliedern der Gruppe oder einem Therapeuten vorgetragen. Sie können dies jedoch auch allein tun, und wenn Sie ein Publikum brauchen, können Sie dies auch mit Ihrem Partner, einem Familienmitglied oder einem engen Freund tun - solange das, worüber Sie sprechen, diese nicht direkt betrifft. Sie können sogar einen leeren Stuhl benutzen, vor dem Sie Ihre Gefühle ausdrücken können.

Im Abschnitt "Austausch" geht die Person durch und versucht, besser zu verstehen, was gerade passiert ist und warum, wie man die Dinge in der Gegenwart besser lösen kann oder wie man dieselben Arten von Szenarien in Zukunft besser lösen kann.

Ich denke, dass Psychodrama eine der unangenehmsten Therapien ist, die man sich antun kann - vor allem, wenn man traumatische Erlebnisse hinter sich hat. Aber für diejenigen, die entweder wirklich Schwierigkeiten haben, ihre Emotionen zu zeigen, oder für diejenigen, die vielleicht ihre Emotionen zügeln müssen, kann es eine der lohnendsten Therapien sein.

Eine Studie über die Wirksamkeit von Psychodrama bei traumatisierten Mädchen der Mittelstufe ergab, dass es Ängste und Depressionen reduzierte und die Mädchen weniger zurückgezogen lebten (Carbonelli & Parteleno-Barehmi, 2016). In einer anderen Studie wurde berichtet, dass Psychodrama eine wirksame Behandlung für Jugendliche mit Traumata sein könnte (Mertz, 2013). Untersuchungen an Menschen mit PTBS in einer Suchtklinik ergaben, dass die PTBS-Symptome nach einer Psychodrama-Behandlung um 25 % abnahmen (Giacomucci & Marquit, 2020).

Wie wir gesehen haben, ist das Psychodrama in erster Linie eine Gruppentherapie, aber es ist auch möglich, die Übungen allein durchzuführen. Alles, was Sie brauchen, ist ein leerer Stuhl; der Stuhl steht für die andere Person in Ihrem Leben, um die es in diesem Szenario geht. Bewegen Sie den Stuhl entsprechend; stellen Sie die Stühle nahe zusammen, wenn Sie sich der Person nahe fühlen. Wenn Sie sich von der Person weit entfernt fühlen, stellen Sie die Stühle weit auseinander. Setzen Sie sich dann auf den Stuhl, der Sie repräsentiert, tun Sie so, als säße die andere Person auf dem anderen Stuhl, und sagen Sie alles, was Sie dieser Person zu sagen haben. Es könnte sein, dass Sie Fragen stellen möchten - nicht nur ein Gefühl ausdrücken. Wenn Sie dies getan haben, stehen Sie auf, setzen sich auf den anderen Stuhl und spielen die Rolle der anderen Person, die vielleicht Antworten auf die Fragen gibt oder auf das reagiert, was Sie gesagt haben. Dann setzen Sie sich wieder auf Ihren Stuhl, sind wieder Sie selbst und antworten auf das, was die andere Person gesagt hat. So können Sie das Gespräch so lange fortsetzen, bis Sie die gewünschte Lösung gefunden haben. Vielleicht möchten Sie das Gespräch aufzeichnen, denn manchmal kann es ein ziemlicher Schock sein, was Sie entweder als Sie selbst oder die andere Person sagen. Das sollte aber nur ein paar Minuten dauern. Diese Art von Übung kann sehr hilfreich sein, wenn es Gefühle oder Situationen gibt, die ungelöst geblieben sind. Oft ist sie auch nützlich, wenn die Person, der gegenüber Sie diese ungelösten Gefühle haben, nicht mehr unter uns weilt, da Sie im wirklichen Leben nie die Gelegenheit hätten, dieses Gespräch zu führen. Unabhängig von der Situation kann diese Übung sehr hilfreich sein, um die ungelösten Probleme und Gefühle anzusprechen, sich selbst und andere Menschen besser zu verstehen und den Entschluss zu fassen, im Leben weiterzukommen.

## AUGENBEWEGUNGS-DESENSIBILISIERUNG UND WIEDERAUFARBEITUNG (EMDR)

EMDR ist eine Therapie, die darauf abzielt, Menschen von Traumata zu heilen. EMDR geht von der Theorie aus, dass das Gehirn ebenso wie der Körper versuchen muss, eine Wunde zu heilen, um ein traumatisches Ereignis zu verarbeiten. Wenn es nicht in der Lage ist zu heilen und richtig zu verarbeiten, treten psychische Probleme auf. EMDR hilft, diesen Heilungsprozess zu reaktivieren.

Wie der Name schon andeutet, werden bei der Therapie Augenbewegungen eingesetzt. Eine Person, die sich einer EMDR-Behandlung unterzieht, denkt an bestimmte Dinge im Zusammenhang mit einem Erlebnis, während sie bestimmte Bewegungen mit ihren Augen ausführt. Dies hilft der Person, diese Erinnerungen und Gefühle zu verarbeiten. Anstatt negative Gefühle gegenüber diesen Erinnerungen zu entwickeln, beginnt die Person, sich positiv zu fühlen, weil sie diese Erfahrungen überwunden hat. Die Augenbewegung funktioniert aufgrund der ähnlichen Funktion, die im Schlaf mit der schnellen Augenbewegung (REM) auftritt. Ja, daher hat die Band ihren Namen, falls du das noch nicht wusstest.

EMDR konzentriert sich auf die Vergangenheit, die Gegenwart und die Zukunft. Es befasst sich mit den traumatischen Erfahrungen der Vergangenheit, den Problemen der Gegenwart und den Lösungen, die in der Zukunft erreicht werden können.

Es gibt acht Phasen, die während EMDR ablaufen. Diese sind:

- **1: Anamneseerhebung:** Die Person arbeitet heraus, welche Erfahrungen möglicherweise mit EMDR behandelt werden können. Sie können auch darüber nachdenken, welche Fähigkeiten oder Verhaltensänderungen sie in Zukunft benötigen, um solche Themen anzugehen.

- **2: Werkzeuge zur Bewältigung von emotionalem Stress identifizieren:** Eine Person kann zwischen den einzelnen EMDR-Sitzungen verschiedene Techniken und Strategien erlernen, die ihr helfen, Stress abzubauen.

- **3, 4, 5, und 6: Die EMDR-Therapie:** Ein Erlebnis wird identifiziert und einer EMDR-Therapie unterzogen. Dabei erkennt die Person ein Bild, das sie mit dem Erlebnis in Verbindung bringt, die negativen Gefühle, die sie für sich selbst empfindet, und alle damit verbundenen Gefühle - sowohl körperlich als auch geistig. Anschließend entwickelt die Person positive Gefühle für sich selbst. Die Person wird dieses positive Gefühl mit dem negativen Gefühl vergleichen. Die Person konzentriert sich dann während der EMDR-Behandlung auf das Bild, das negative Gefühl und die körperlichen Gefühle. Dazu können Klopfzeichen und das Hören von Tönen gehören. Die Person achtet darauf, wie sie auf diese Dinge natürlich reagiert. Nach jedem Abschnitt mit Bewegungen, Klopfzeichen oder Tönen wird die Person versuchen, ihren Geist auszuschalten und das zu notieren, was ihr als erstes in den Sinn kommt. Davon hängt ab, welche Art von EMDR als nächstes angewandt wird.

- **7: Abschließen:** Die Person führt die ganze Woche über ein Protokoll, in dem sie alle relevanten Ereignisse festhält. Es dient dazu, die Aktivitäten zu bekräftigen, die die Person in der zweiten Phase zur Bewältigung der Dinge entwickelt hat.
- **8: Fortschrittsbericht:** In der letzten Phase wird über die erzielten Fortschritte berichtet.

Eine Studie mit 24 Unterstudien kam zu dem Schluss, dass EMDR positive Auswirkungen auf die Behandlung von emotionalen Traumata hat. Sieben der zehn Studien fanden es wirksamer als CBT (Shapiro, 2014). Ich muss allerdings hinzufügen, dass die Studie von Francine Shapiro verfasst wurde, die EMDR konzipiert und entwickelt hat, was bei der Betrachtung der Ergebnisse zu berücksichtigen ist. Es gibt jedoch noch weitere Studien. Eine systematische Literaturübersicht ergab, dass EDMR die Traumasymptome verbessert (Valiente-Gomez et al., 2017). Eine andere Analyse aller Daten zu EDMR-Studien kam zu dem Schluss, dass die EMDR-Therapie die Symptome einer PTBS deutlich reduziert (Chen et al., 2014).

EMDR ist eine weitere Therapie, bei der es am besten ist, einen Therapeuten zu finden, mit dem man zusammenarbeiten kann, aber man kann auch selbst zu Hause daran arbeiten. Hier ist eine Übung, die das beweist:

## EMDR-ÜBUNG #1

Wenn Sie sich bequem hinsetzen, kreuzen Sie Ihre Hände über der Brust, so dass Sie eine Schmetterlingsform mit nach oben zeigenden Fingern bilden. Verbinden Sie dann Ihre beiden Daumen miteinander. Klopfen Sie mit Ihren Händen abwechselnd auf die linke und rechte Seite Ihrer Brust. Sie tun dies, damit die linke und die rechte Seite Ihres Gehirns eine Verbindung herstellen. Achten Sie auf Ihre Umgebung und alles, was vor sich geht. All dies sollte Ihnen helfen, sich zu beruhigen und ein Gefühl des Friedens zu bekommen. Es sollte Ihnen auch dabei helfen, das aktuelle Problem, das Ihnen Stress bereitet, zu bewältigen und zu verarbeiten.

# 7

# SCHAM-TRAUMA: DAS INNERE KIND HEILEN UND GRENZEN SCHAFFEN

Das Trauma der Scham ist etwas, das leider viel zu oft vorkommt und meist mit Erlebnissen aus der Kindheit zusammenhängt. Es kann schwer sein, Hilfe zu suchen und mit den Emotionen und Gefühlen umzugehen, die sich oft zeigen. Aber wenn man es tut, kann eine somatische Heiltherapie helfen, einen Teil des Schmerzes zu lindern.

## HEILUNG DES INNEREN KINDES DURCH SOMATISCHE THERAPIE

Scham bleibt, wie jedes Trauma, in einer Person "stecken". Es fällt ihnen schwer, diesen Moment hinter sich zu lassen und die Scham loszulassen, so dass sie in ihrem Inneren verbleibt und wie bei jedem Trauma Spannungen verursacht. Scham wird jedoch in der Regel nicht durch ein bestimmtes Ereignis wie einen Autounfall oder einen Krieg ausgelöst, sondern entsteht langsam, im Laufe der Zeit, Vorfall für Vorfall, so dass die Person das Gefühl hat, dass etwas mit ihr nicht stimmt und sie in der Welt keinen Wert hat. Sie fangen an zu glauben, dass alles, was in ihrem Leben schief läuft, auf sie zurückzuführen ist. An all ihren Problemen ist niemand außer ihnen selbst schuld. Manchmal kann natürlich eine kleine Portion Scham eine gute Sache sein. Man hat im betrunkenen Zustand etwas Peinliches getan und wacht am nächsten Tag beschämt auf, also ruft man die Betroffenen an und entschuldigt sich. In dieser Hinsicht hilft uns Scham, unser Verhalten und unsere Beziehungen zu anderen Menschen zu überdenken, aber toxische Scham ist nicht so. Sie hat ein größeres Ausmaß und ist ein wiederholter Vorfall, der an uns nagt, bis unser Körper und unser Geist nicht mehr damit umgehen können. Oft hat man das Gefühl, dass es keinen Prozess gibt, um die Scham neu zu bewerten oder etwas zu unternehmen, um sie zu überwinden.

Damit eine Person ihr Schamtrauma bewältigen kann, muss sie das Gefühl haben, dass sie sich in einem komfortablen, sicheren Raum befindet. Das ist bei Traumata im Allgemeinen wichtig, aber bei Schamgefühlen noch viel mehr. Oft muss sich die Person mit ihren tiefsten, dunkelsten Gefühlen auseinandersetzen, und das kann nur in einem sicheren Raum geschehen, in dem sie sich wohl genug fühlt, um sich über solche Dinge zu öffnen.

Es gibt eine Reihe von Gründen, warum die somatische Heiltherapie insbesondere bei Scham wirksam ist. Einer davon ist, dass sie sehr stark auf die Gegenwart ausgerichtet ist und die Menschen dazu bringt, über das Hier und Jetzt nachzudenken und sich ihres Körpers bewusst zu sein. Es geht darum, auf den Körper zu hören und nicht nur auf den Verstand. Bei Schamgefühlen kann es leicht passieren, dass man sich von seinem Körper abkoppelt und nicht mehr auf die Einzelheiten dessen achtet, was um einen herum geschieht. Die somatische Therapie ist gut geeignet, diese Gewohnheit zu durchbrechen.

Eine weitere nützliche Funktion, die wir in einem früheren Kapitel behandelt haben, ist das Pendeln. Es geht darum, eine Person dazu zu bringen, hin und her zu gehen, von einem Seinszustand zum anderen, und nicht in einem einzigen Zustand stecken zu bleiben. Diejenigen, die mit Scham zu kämpfen haben, stecken definitiv fest, und Pendeln kann ihnen helfen, sich langsam und sicher aus diesem Zustand herauszubewegen.

Obwohl das Gefühl der Scham in uns angelegt ist, ist es nicht wirklich möglich, Scham zu empfinden, es sei denn, jemand hat uns beschämt. Es ist außerordentlich wichtig für jeden, der diese Art von Trauma durchmacht, zu erkennen, dass die Scham auf einen selbst übertragen wird. Es ist nicht Ihre Schuld, in keiner Weise, in keiner Form. Dieses Gefühl der Scham wird uns am häufigsten von Menschen auferlegt, die Macht haben, sei es in der Familie, im Freundeskreis, in der Beziehung oder im Beruf, um nur einige zu nennen. Fairerweise muss man sagen, dass die Menschen, die in unserem Leben die Macht haben, oft nicht wissen, was sie tun, aber dennoch sind sie es, die uns die Schande auferlegen. Ebenso kann jedes vernachlässigte Kind mit Schamgefühlen aufwachsen, die später im Leben leicht wieder ausgelöst werden können.

Eines der seltsamen Elemente der Scham ist, dass Menschen, die sich beschämt fühlen, oft versuchen, andere zu beschämen. Wir beschämen vielleicht jemanden, weil er das Schamgefühl in uns neu entfacht hat. Die Lösung, um das Schamgefühl loszuwerden, besteht jedoch oft darin, zu dem ursprünglichen Grund zurückzukehren, der es ausgelöst hat. Traurigerweise kann das häufig Scham sein, die von Vormündern oder Betreuern weitergegeben wird. Sie denken nicht immer darüber nach, welche Folgen ihr Verhalten haben wird und wie lange diese Auswirkungen anhalten können.

Viele glauben, dass der beste Weg, sich endlich von der Scham zu befreien, darin besteht, die Scham an diejenigen zurückzugeben, die einen beschämt haben. Sie glauben auch, dass dies mit Nachdruck geschehen muss, da die Schande meist mit Nachdruck ausgeteilt wurde (Lyon, 2017). Das muss nicht alles auf einmal sein; es kann zunächst zaghaft sein und sich dann zu einem energischen Vorgehen steigern, aber es muss in der Regel energisch sein, um die gewünschte Wirkung zu erzielen. Ich muss mich auch klar ausdrücken: Sie müssen es der Person nicht im wirklichen Leben zurückgeben (obwohl das eine von der somatischen Therapie getrennte Option sein kann), sondern tun dies auf eine imaginäre Weise. Das kann schon als Handlung schwierig sein, aber viele Menschen zögern, weil sie sich tatsächlich schämen, die Scham zurückzugeben - vor allem, wenn es sich um ein Familienmitglied oder eine nahestehende Person handelt. Es muss jedoch klargestellt werden, dass es einen gewaltigen Unterschied zwischen dem Aussprechen von Fehlern und dem Beschämen von Personen gibt. Es ist auch wichtig zu sagen, dass die Person, der Sie Ihre Scham zurückgeben, es wahrscheinlich nicht so gemeint hat, oder nicht wirklich verstanden hat, was sie getan hat und welche Auswirkungen das haben würde. Vielleicht hat sie sich geschämt und versucht, ihre Schande weiterzugeben. Die Scham kann auch über viele Generationen weitergegeben werden; vielleicht wurde der Betreuer, der Sie beschämt hat, von seinem

Betreuer beschämt. Der Empfänger der Scham gibt sie an den Geber der Scham zurück und spürt dadurch eine Erleichterung und Frieden in sich selbst.

Die Familie, in der wir aufwachsen, und sogar die Gesellschaft, in der wir aufwachsen, prägen unsere Eindrücke und frühen Überzeugungen. Wenn diese Erfahrungen nicht immer positiv sind, können sie zu einschränkenden Überzeugungen werden, wie z. B. "Ich bin nicht gut genug dafür" oder "Ich verdiene das nicht". Wenn Ihnen jemand oft genug sagt: "Du wirst es nie zu etwas bringen", dann fangen Sie mit Sicherheit an, Ihren Glauben an sich selbst einzuschränken. Wenn jeder sagt: "Dein Bruder ist so viel besser als du", kann es sein, dass Sie das am Ende auch glauben. Das kann sich auch auf die Gesellschaft übertragen. Wenn bestimmte Gruppen von Menschen keine positiven Botschaften erhalten, ist es kein Wunder, dass sie anfangen, an sich selbst zu zweifeln und daran, ob sie der Welt etwas zu bieten haben. Wenn man sich dieser Dinge bewusst wird, kann das eine große Erleichterung sein. Dass die Scham und die Schuldgefühle, die man empfunden hat, nicht echt waren: Sie wurden einem von den Menschen um einen herum und von der Gesellschaft selbst auferlegt. Wenn man das einmal erkannt hat, kann das wirklich ein befreiender Moment sein.

Das kann sich sogar auf die Kultur erstrecken, in der Sie aufgewachsen sind. Nehmen wir an, Sie sind in einer Kultur aufgewachsen, in der alle sehr machohaft sein müssen. Jeder sagt "Männer müssen stark sein" oder "Jungs, nicht weinen!". Nehmen wir an, Sie wachsen in einer solchen Macho-Kultur auf. In diesem Fall ist es nicht verwunderlich, dass es Ihnen wahrscheinlich schwer fallen wird, anderen irgendeine Art von Gefühl oder Emotion zu zeigen, und dass Sie in den meisten Situationen, in denen Sie sich befinden, etwas aggressiv sein werden. All diese Dinge können unser inneres Kind beeinflussen und uns das Leben schwer machen, wenn wir älter sind. Da die Taliban gerade Afghanistan zurücker-obert haben, leben Sie vielleicht in einer Kultur und Gesell-schaft, in der die Bildung von Frauen nicht geschätzt wird. Vielleicht wurden einige Menschen im Laufe der Zeit durch eine Gehirnwäsche dazu gebracht, an diese absurde Doktrin zu glauben. Jemand fragt Sie: "Warum tun Sie nicht das, was Sie in Ihrem Leben wirklich tun wollen?" Sie antworten: "Nein, das ist nicht das, was ich tun soll. Ich bin dazu nicht fähig", aber Sie sind es. Die Gesellschaft hat Ihnen einen einschränkenden Glaubenssatz auferlegt, und Sie beginnen, ihn zu glauben. Am Ende tun Sie Dinge, die Sie eigentlich nie tun wollten, weil Sie glauben, dass das das Richtige für Sie ist, und wenn Sie einen anderen Weg einschlagen, werden Sie sich schämen.

Selbst wenn wir bewusst die Werte und Überzeugungen ablehnen, die wir einst für wahr hielten und nun als falsch erkennen, gibt es immer noch das Problem unseres Unterbe-wusstseins. Es wird geschätzt, dass das Unterbewusstsein für 90 % unserer Gefühle und Verhaltensweisen verantwortlich ist und dass einer bewussten Entscheidung oder Handlung in der Regel eine unbewusste vorausgeht (Meyer, 2020).

Das Unterbewusstsein ist in der Tat außergewöhnlich. Wenn Sie daran denken, dass Sie ein Baby sind, ist dies der Motor, der Sie antreibt. Wir haben kein wirkliches Bewusst-sein, bis wir etwa fünf oder sechs Jahre alt sind. Bis zu diesem Zeitpunkt hat das Unterbewusstsein die volle Kontrolle über unser Handeln. Es ist wie ein Schwamm, der alles aufsaugt, was um ihn herum geschieht, und es dann verarbeitet. Es ist unvermeidlich, dass es einen starken Einfluss auf den bewussten Verstand hat.

Wenn wir sehr jung sind, nimmt unser Verstand normalerweise jede neue Information auf und nimmt sie für bare Münze, weil wir noch keine Werte, Überzeugungen und Erfahrungen haben, an denen wir sie messen können. Deshalb sind diese frühen Jahre so wichtig und können uns für den Rest unseres Lebens prägen. Sobald wir fünf oder sechs Jahre alt sind, haben wir ein Werte- und Glaubenssystem, anhand dessen wir jede neue Information beurteilen können, und genau das tut unser Unterbewusstsein. Daher ist es oft die Art und Weise, wie wir die Welt in dieser Phase des Lebens sehen, die sich darauf auswirkt, wie wir sie später im Leben sehen.

Das innere Kind kann also als Teil unseres Unterbewusstseins betrachtet werden. Die Erfahrungen und möglicherweise Traumata, die wir in diesen frühen Jahren gemacht haben, geraten nicht einfach in Vergessenheit - und werden nie wieder gesehen. Alles wird zu einem kleinen Teil unseres Wesens gebündelt und beeinflusst unsere Gesundheit und unser Glück ein Leben lang.

Wenn dieses innere Kind jedoch verletzt oder wütend ist und sich negativ auf unser Leben auswirkt, heißt das nicht, dass wir nichts gegen unser Unterbewusstsein und unser inneres Kind unternehmen können. Hier kommt das somatische Erleben wirklich ins Spiel. Früher liefen all diese Dinge ab, und wir waren uns dessen nicht einmal bewusst. Aber durch somatische Erfahrungen werden wir uns unserer selbst und unseres Körpers bewusst. Wir hören auf uns und unseren Körper. Deshalb können wir uns bewusst darum bemühen, unser Unterbewusstsein mit positiven und liebevollen

Gedanken umzuprogrammieren. Das kann die Art und Weise sein, wie wir mit uns selbst sprechen, die Menschen, mit denen wir uns umgeben, und sogar Dinge wie soziale Medien. Bei all den negativen Gedanken und Gefühlen, die Sie entweder über sich selbst haben oder von anderen Menschen hören, müssen wir stattdessen an das Positive denken. Wenn Sie sich selbst als dumm bezeichnen, versuchen Sie, einen positiveren Gedanken zu denken. Das Bewusstsein kann sich über das Unterbewusstsein hinwegsetzen, wenn wir es nur oft genug sagen; schließlich wird unser Unterbewusstsein beginnen, sich mit unserem Bewusstsein in Einklang zu bringen. In Verbindung mit all den vielen somatischen Techniken, die es gibt, wird das innere Kind beginnen, die Liebe, die Aufmerksamkeit und den Trost zu spüren, die es braucht, und der Heilungsprozess kann beginnen.

All die Erfahrungen, die wir machen, führen normalerweise dazu, dass wir emotionales Gepäck mit uns herumtragen. Wir wollen das nicht, aber es ist unsere Art zu sagen: "Schau, was mir alles passiert ist: so viele Dinge!" Erst wenn wir unser emotionales Gepäck loslassen, erkennen wir, wie sehr es uns belastet hat. Auch das müssen wir loslassen. Das Leben ist einfach zu kurz, um diesen Ballast mit sich herumzutragen und ihn in jede neue Situation, Erfahrung und Beziehung mitzunehmen. Das ist anstrengend. Wir müssen leichter auf den Beinen sein und freier in unseren Gedanken und Gefühlen, wenn wir auch nur annähernd das Traumleben leben wollen, das wir uns wünschen.

Wir müssen nicht nur unseren emotionalen Ballast loswerden, sondern auch die einschränkenden Glaubenssätze. Solange sie noch vorhanden sind, haben wir keine Chance, uns selbst zu heilen, denn unser Verstand wird uns immer wieder Gründe liefern, warum wir etwas nicht tun können. "Ich bin nicht gut genug dafür, warum sollte ich es also versuchen? "Ich bin nicht gut genug für sie, also ist es besser, es jetzt zu beenden, bevor sie es merken", oder "Ich bin einfach kein sehr geselliger Mensch, also brauche ich keine Freunde". All diese und andere Gedanken halten uns davon ab, unser Potenzial auszuschöpfen, da unsere einschränkenden Überzeugungen versuchen, alle Möglichkeiten, die sich uns bieten, zu sabotieren. Sie sind nicht die Wahrheit. Um sich seiner selbst wirklich bewusst zu werden, müssen Sie diese Überzeugungen als das erkennen, was sie sind. Doch es gibt Hilfe. Das Unterbewusstsein, das all diese Gedanken der Unzulänglichkeit produziert, kann durch Klopfen mit der Emotional Freedom Technique (EFT) umprogrammiert werden. Dabei werden verschiedene Punkte des Körpers geklopft, von denen man annimmt, dass sich dort Energiefelder befinden, und mit bestimmten Worten oder Sätzen kombiniert, um dem Unterbewusstsein eine neue Botschaft zu übermitteln und es neu zu programmieren.

Die Konditionierung und Programmierung, die Sie als Kind durchlaufen haben, kann zurückkommen und Sie während Ihrer Teenager- und Erwachsenenjahre weiter verfolgen. Wenn Ihre Vorbilder Ihnen sagen, dass Sie nicht gut genug sind, dann wäre es nicht verwunderlich, wenn sich im Erwachsenenleben Gefühle der Unzulänglichkeit und Wertlosigkeit einstellen. Wenn sich alle Menschen in Ihrem Umfeld um Geld sorgen, werden auch Sie als Erwachsener wahrscheinlich Ihre Zeit damit verbringen, sich um Geld zu sorgen und dem Geld nachzujagen. Was wir als Kinder in diesen wichtigen Phasen durchmachen, kann uns für den Rest unseres Lebens prägen.

Es gibt jedoch viele somatische Praktiken, die Ihnen helfen können, Ihr Unterbewusstsein umzuprogrammieren, Ihr inneres Kind zu heilen und allmählich damit zu beginnen, all das Schlechte rückgängig zu machen, das in Ihrer Kindheit begann. Die in diesem Buch besprochene Atemarbeit kann Ihnen helfen, mit Ihrem inneren Kind in Kontakt zu kommen, im Augenblick zu fühlen und zu hören, was Ihr inneres Kind sagt. Dinge wie das Führen eines Tagebuchs oder das Schreiben eines Briefs an Ihr inneres Kind können bei der Bewältigung dieses Problems sehr hilfreich sein. EFT und andere Klopfübungen können helfen, das Unterbewusstsein neu zu programmieren und Sie dazu zu bringen, positive Dinge über sich selbst zu sagen und all die negativen Gedanken und einschränkenden Überzeugungen langsam zu beseitigen.

Ein Aspekt der somatischen Therapie, der sich aus der Beschäftigung mit dem inneren Kind ergeben hat, ist die Theorie des "Reparenting". Sie haben jetzt die Möglichkeit, sich selbst Dinge zu geben, die Sie als Kind nicht bekommen haben und die Sie brauchten, indem Sie sich selbst reparieren - vielleicht ist es Selbstvertrauen oder Mitgefühl oder irgendetwas anderes. Das bedeutet übrigens nicht, dass Ihre Eltern oder Bezugspersonen in der Erziehung schlecht waren: Es bedeutet nur, dass sie nach ihren eigenen Überzeugungen und ihrem eigenen Wertesystem gehandelt haben, und vielleicht haben sie Ihnen ohne eigenes Verschulden nicht alles gegeben, was Sie brauchten.

Es gibt Formen der Reparenting-Psychotherapie, die einen Therapeuten erfordern, der die Rolle des Elternteils übernimmt, aber das Wesentliche der Reparenting können Sie selbst tun: Lieben Sie sich selbst bedingungslos. Seien Sie mitfühlend zu sich selbst; verurteilen oder kritisieren Sie Ihre Gedanken und Gefühle nicht, sondern legitimieren Sie sie und erkennen Sie an, dass sie Teil dessen sind, was Sie sind. Geben Sie Ihrem inneren Kind viele positive Bestätigungen, um sich selbst daran zu erinnern, dass Sie geliebt werden, dass Sie wertvoll sind und dass das, was Sie denken und fühlen, gültig ist. Wenn es Sie zu sehr überwältigt, sich in Ihr inneres Kind zurückzuversetzen und über diese Dinge nachzudenken, sollten Sie einen Therapeuten aufsuchen, damit die Übungen in Sicherheit durchgeführt werden können. Aber die allgemeinen Grundsätze des Reparierens - dass Sie mit Ihrem inneren Kind in Kontakt treten, die Bedürfnisse ansprechen und diese erfüllen - können Sie selbst durchführen.

Wenn Sie lernen, Ihr inneres Kind zu heilen, kann das für Sie einen großen Unterschied machen. Selbstmitgefühl und das Wissen, wie man sich um sich selbst kümmert, können zu vielen verbesserten Beziehungen führen - sei es privat, in der Familie, mit Freunden oder am Arbeitsplatz. Sie werden sich selbst mögen, sich in Ihrer eigenen Gesellschaft und in der Gesellschaft anderer wohlfühlen und feststellen, dass Sie das Leben genießen und es in vollen Zügen auskosten wollen. Sie werden Vertrauen in sich selbst und Ihre Fähigkeiten haben, und Sie werden all die Schmerzen und Spannungen losgeworden sein, die Sie so viele Jahre lang zurückgehalten haben. In manchen Fällen haben Sie sich vielleicht völlig von Gefühlen und Emotionen abgekoppelt. Die Heilung des inneren Kindes wird Sie wieder mit sich selbst in Kontakt bringen, und Sie werden wieder Dinge wie Freude und Liebe empfinden.

Wenn Sie glauben, dass Sie Ihr inneres Kind heilen

müssen und daran interessiert sind, finden Sie hier eine unkomplizierte EFT-Klopfübung, die Sie auf den Weg bringt:

- **1:** Klopfen Sie zunächst in einem regelmäßigen Rhythmus auf die Seite Ihrer Hand - die Seite, auf der Ihr kleiner Finger liegt, und nicht die Daumenseite. Während Sie klopfen, sagen Sie zu sich selbst: *"Ich liebe mein inneres Kind. Ich akzeptiere mein inneres Kind. Ich liebe mich selbst bedingungslos und ohne Ausnahme."*

- **2:** Klopfen Sie nun auf den Scheitel, auf die Stirn oberhalb der inneren rechten Augenbraue und auf die rechte Schläfe und wiederholen Sie den folgenden Satz (oder einen Satz, den Sie sich ausgedacht haben und der besser zu Ihnen passt) an jeder Stelle: *"Ich liebe das innere Kind, das nicht alles bekommen hat, was es brauchte. Dieses Kind war und ist unglaublich."*

- **3:** Tippen Sie auf die Wangenknochen, direkt unter dem Auge und seitlich der Nase: *"Mein inneres Kind ist zu allem fähig und hat das Potenzial, alles zu erreichen.*

- **4:** Tippen Sie auf Ihre Oberlippe - den Teil zwischen Nase und Mund: *"Mein inneres Kind kennt keine Grenzen."* Tippen Sie auf Ihr Kinn: *"und ich liebe mein inneres Kind, egal was passiert."*

- **5:** Klopfen Sie unterhalb der Achselhöhle, seitlich der Rippen; klopfen Sie auf den Scheitel; klopfen Sie auf die Stirn oberhalb der inneren rechten Augenbraue; klopfen Sie auf die rechte Schläfe und wiederholen Sie an jeder Stelle den folgenden

Satz: *"Wenn mein inneres Kind Fehler oder Irrtümer macht, ist das völlig egal. Ich liebe mein inneres Kind trotzdem."*

- **6:** Tippen Sie auf Ihren Wangenknochen; tippen Sie auf Ihre Oberlippe: *"Ich akzeptiere mein inneres Kind auf eine Art und Weise, die damals **nicht möglich war**."*

- **7:** Tippen Sie auf Ihr Kinn: *"Ich stelle mir vor, wie ich mein inneres Kind in den Arm nehme und ihm sage, wie toll es ist und dass alles gut werden wird."*

- **8:** Klopfen Sie auf die Stelle, wo sich Ihr Herz befindet – auf der linken Seite Ihrer Brust: *"Ich werde mein inneres Kind immer schützen und meinem inneren Kind immer Schutz bieten."*

- **9:** Klopfen Sie unterhalb der Achselhöhle, auf der Seite der Rippen: *"Mein inneres Kind hat meine volle Unterstützung und Akzeptanz."*

- **10:** Klopfen Sie auf den Scheitel; klopfen Sie auf die Stirn über der inneren rechten Augenbraue: *"Ich liebe mein inneres Kind genau so, wie es ist."*

- **11:** Berühren Sie Ihre rechte Schläfe: *"Wenn jemand etwas Schlechtes gegen mein inneres Kind sagt, dann werde ich mich dagegen wehren."*

- **12:** Klopfen Sie auf Ihren Wangenknochen; klopfen Sie auf Ihre Oberlippe: *"Ich werde meinem inneren Kind zeigen, dass es wertvoll ist, dass es wertvoll ist und dass es immer gewollt und geliebt wird."*

- **13:** Tippen Sie auf Ihr Kinn, tippen Sie auf Ihre Herzgegend: *"Ich möchte mein inneres Kind wirklich ermutigen, zu zeigen, wie unglaublich und schillernd es ist."*

- **14:** Klopfen Sie unterhalb der Achselhöhle, auf der Seite der Rippen; klopfen Sie auf den Scheitel: *"Indem ich mein inneres Kind heile, bringe ich auch Heilung für mich selbst."*

- **15:** Tippen Sie auf die Stirn oberhalb der rechten inneren Augenbraue: *"Ich brauche die Programmierung und Konditionierung, mit der ich aufgewachsen bin, nicht mehr. Was ich mir jetzt sage, ist die Wahrheit."*

- **16:** Klopfen Sie an Ihre rechte Schläfe; klopfen Sie an Ihren Wangenknochen; klopfen Sie an Ihre Oberlippe: *"Mein inneres Kind ist und bleibt ein Teil von mir, und wenn ich gut für mich sorge, dann sorge ich auch gut für mein inneres Kind."*

- **17:** Tippen Sie auf Ihr Kinn: *"Wenn ich mir selbst Liebe entgegenbringe, liebe ich auch mein inneres Kind."*

- **18:** Klopfen Sie auf Ihre Herzgegend; klopfen Sie unterhalb Ihrer Achselhöhle auf der Seite Ihrer Rippen: *"Wenn ich mir selbst Mitgefühl zeige, bin ich auch meinem inneren Kind gegenüber mitfühlend."*

- **19:** Klopfen Sie auf den Scheitel Ihres Kopfes: *"Ich lasse das Trauma und die Spannung in meinem Körper und Geist los."*

- **20:** Berühren Sie die Stirn über der inneren rechten Augenbraue: *"Lass es aus jedem Knochen und Muskel in meinem Körper heraus."*

- **21:** Berühren Sie Ihre rechte Schläfe: *"Ich werde dieses emotionale Gepäck nicht mehr mit mir herumtragen müssen. Es ist für immer weg."*

- **22:** Tippen Sie auf Ihren Wangenknochen, tippen

Sie auf Ihre Oberlippe. *"Ich fühle mich so frei, wenn ich alle Schmerzen und Spannungen loslasse."*

- **23:** Tippen Sie auf Ihr Kinn: *"Ich kann es kaum erwarten, zu sehen, was die Zukunft bringt. Ich freue mich auf die Tage, die vor mir liegen, jetzt, wo ich mich besser verstehe und in Kontakt mit mir und meinem inneren Kind bin."*

- **24:** Klopfen Sie auf Ihre Herzgegend, klopfen Sie auf Ihre Achselhöhle: *"Ich bin nicht mehr ängstlich, ich zweifle nicht mehr an mir selbst, und ich freue mich darauf, zu sehen, wie das neue Ich die Welt erobern wird."*

- **25:** Dann halten Sie inne und entspannen Sie sich einen Moment. Atmen Sie tief ein und lassen Sie dann den Atem aus.

Das ist Ihre Klopfübung, die hoffentlich sehr hilfreich war. Wenn Sie mit diesen Übungen überfordert sind, sollten Sie einen professionellen Therapeuten aufsuchen, der Sie sicher durch diesen Prozess begleitet. Oft hilft es, wenn Sie sich dabei Ihr inneres Kind vorstellen können. Wenn Sie ein Foto von sich selbst als Kind haben, kann das manchmal bei der Visualisierung helfen. Dann können Sie sich vorstellen, dass Sie dieses Kind lieben und beschützen wollen. Wenn Sie das nächste Mal das Gefühl haben, streng mit sich selbst zu sein, übermäßig zu urteilen oder überkritisch zu sein, können Sie sich das Foto und die Unschuld des Kindes ansehen. Das Gefühl, dieses Kind lieben und beschützen zu wollen, es zu leiten, zu unterstützen und zu ermutigen, sollte wiederkehren. Es wäre ratsam, diese Übung so oft wie möglich zu wiederholen. Wenn man sie nur einmal durchführt, hat sie wahrscheinlich nicht den außergewöhnlichen, verstärkenden Effekt, den eine tägliche Übung hat. Suchen Sie sich einfach einen bequemen, ruhigen Platz für ein paar Minuten am Tag und führen Sie Ihre Klopfübung durch. Seien Sie begeistert von den kraftvollen positiven Ergebnissen, die das EFT-Klopfen bringen kann. Denken Sie daran, dass Sie die Phrasen an Ihre spezielle Situation anpassen können.

## SCHANDE

Es ist erschreckend einfach, sich zu schämen. Man hat das Gefühl, dass man nicht zu den Menschen gehört, mit denen man zu tun hat. Sie haben das Gefühl, dass niemand Sie versteht oder jemals verstehen könnte. Scham kann auch in viel schwerwiegenderen Situationen wie Missbrauch oder Vernachlässigung entstehen, in denen sich das Opfer für das, was ihm widerfahren ist, und dafür, dass es dies zugelassen hat, schämt (obwohl sich eigentlich der Täter für seine Taten schämen müsste). Obwohl sie realistischerweise nichts hätten tun können, um es zu verhindern. Menschen, die in der Schule ausgegrenzt oder gemobbt werden, entwickeln oft Gefühle der Scham. Um von Schamgefühlen zu heilen, müssen wir erkennen, welche Bedürfnisse hinter diesen Schamgefühlen stecken.

Sie entsteht auch nicht einfach von selbst. Scham entsteht durch die Beziehungen zu anderen und zu der Umgebung, in der wir leben. Das bedeutet, dass wir erkennen müssen, dass wir nicht allein auf der Welt sind. Wir alle machen eine Reise durch, auf der wir herausfinden, was es bedeutet, ein Mensch zu sein. Keiner von uns versteht es wirklich oder hat es perfekt im Griff. Es ist wichtig, innezuhalten und das zu schätzen.

Scham tritt meist dann auf, wenn unsere Erwartungen an Freude und Glück nicht erfüllt werden. Zum Beispiel, wenn ein Kind den Eltern etwas vorführt und diese keinerlei Interesse zeigen, oder wenn man seinen Freunden einen Witz erzählt und niemand lacht (kein Wunder, dass Komiker bekanntermaßen manchmal psychische Probleme haben). Scham kann sich in Form von Erröten und Schüchternheit äußern, aber auch in Form von Demütigung und Verlegenheit. Auch Mobbing und Herabwürdigung können zu Schamgefühlen führen. Wie bereits erwähnt, kann Scham definitiv aus etwas so Erschütterndem wie Missbrauch oder Vernachlässigung resultieren, aber sie kann auch aus der Anhäufung kleinerer (aber nicht weniger authentischer) Episoden entstehen.

Das heißt nicht, dass wir jemals ohne Scham sein sollten. Scham erfüllt einen Zweck. Ohne sie würden wir vielleicht nie merken, wenn wir etwas falsch gemacht haben, und wären nicht in der Lage, uns in der Gesellschaft zu behaupten. Aber wenn Scham zu einem Trauma wird, erfüllt sie ihren Zweck nicht mehr. Wenn sie unbehandelt bleibt und sich in einer Person festsetzt, kann sie unter anderem in Sucht und Depression enden. Diejenigen, die sich so extrem schämen, haben in der Regel Schwierigkeiten in Beziehungen, da sie ohnehin mit Ablehnung rechnen und daher versuchen, die andere Person zuerst aus ihrem Leben zu entfernen. Außerdem können die Betroffenen sehr wütend sein. Wer also versucht, eine wie auch immer geartete Beziehung zu einem Betroffenen aufrechtzuerhalten, dessen erste Reaktion darin besteht, ernsthaft wütend zu werden und vielleicht sogar gewalttätig zu werden, hat im Allgemeinen keine Priorität im Leben. Scham kann offensichtlich zu Gefühlen der

Unsicherheit und Unzulänglichkeit führen, was wiederum zu Selbstverletzungen und Selbstmordgedanken führen kann. Vielleicht versucht jemand, der ständig kritisiert wird, am Ende ein Perfektionist zu sein, der die angestrebte Perfektion nie erreichen kann, oder er zeigt Symptome einer Zwangsstörung (OCD). Scham verursacht nicht nur psychische Probleme, sondern auch körperliche. Eine Person, die unter starker Scham leidet, hat vielleicht eine schlechte Körperhaltung, schaut immer nach unten und sieht niemandem in die Augen, leidet unter Müdigkeit oder einem Engegefühl in der Brust, hat das Gefühl, sich übergeben zu müssen, oder hat Verdauungs- oder Magenprobleme.

Hier kommt natürlich die somatische Therapie ins Spiel. Sie kann sowohl bei den psychischen als auch bei den körperlichen Symptomen der Scham helfen. Indem Sie sich bewusst machen, was Ihr Körper Ihnen sagt, werden Sie wahrscheinlich erkennen, dass die Spannung in Ihrem Körper mit der Scham zusammenhängt, die Sie in Ihrem täglichen Leben empfinden. Wenn Sie über die Episoden in Ihrem Leben nachdenken und sich mit ihnen auseinandersetzen, die zu dieser Scham beigetragen haben, sie loslassen, werden diese Episoden zu Signalen der Stärke für Sie und nicht zu einem Auslöser, der Sie schwach und ängstlich macht.

Scham hat fast immer mit Ereignissen in Ihrer Kindheit zu tun. Die Unsicherheiten, Zweifel, Ängste und das geringe Selbstwertgefühl, die Sie jetzt empfinden, haben wahrscheinlich ihre Wurzeln in Ihrer Kindheit. Wenn Sie ständig für die kleinste Fehleinschätzung gescholten werden, ist es kaum verwunderlich, wenn Sie mit dem Gedanken aufwachsen, dass alles, was Sie tun, falsch ist oder dass mit Ihnen etwas nicht stimmt. Wenn Sie schikaniert werden, können

Sie Gefühle entwickeln wie "Warum ich? Mit mir muss etwas nicht stimmen." Es liegt auf der Hand, dass wirklich traumatische Erlebnisse wie Missbrauch und Vernachlässigung diese Gefühle in noch viel extremerer Form hervorrufen können.

Wenn wir wissen, dass unsere erwachsenen Schamgefühle tief in unserer Kindheit verwurzelt sind, dann wissen wir, dass die Heilung des inneren Kindes wiederum unsere Scham heilen kann. Zu den besten Techniken und Therapien, die dabei helfen, gehört die CBT, bei der wir lernen, unsere Gedanken und Verhaltensmuster zu kontrollieren und zu ändern. So können wir lernen, statt an Beleidigungen zu denken, positive Gedanken zu denken und uns zu vergewissern, dass wir gut sind und zu guten Dingen fähig.

Die verlängerte Exposition (PE) kann eine gute Form der Therapie sein, um dieses Problem anzugehen. Langsam wird die Aufmerksamkeit auf Dinge gelenkt, die die Person stimulieren und sie dazu bringen, sich mit dem Thema auseinanderzusetzen. Vielleicht beginnen Sie mit einem Foto von sich selbst als Kind und sprechen dann über Ihre Scham als Kind. Dann stellt man sich selbst an einem Ort vor, der einen an diese Scham erinnert. Langsam, aber sicher wird die Scham so ihre Macht über Sie verlieren.

Das Stressimpfungstraining kann eine gute Therapie sein, die man anwenden kann. Dabei geht es nicht um den Stress an sich, sondern um das gleiche Training zur Eindämmung und Kontrolle Ihrer Scham. Es kann Atem- und Muskelentspannungstechniken, Rollenspiele und das Notieren und Ändern negativer Gedanken beinhalten. Es gibt auch das Mitgefühlstraining (Compassionate Mind Training, CMF), das einer Person, die negativ über sich selbst spricht, helfen kann, ihr Verhalten zu ändern und mitfühlend und freundlich zu sich selbst und ihrem inneren Kind zu sein.

EMDR ist eine weitere gute Methode, die man anwenden kann. Wenn Sie über Ihre Scham und all die Verletzungen, die Ihr inneres Kind erfahren hat, nachdenken, während Sie die Augenbewegungen durchführen, kann das sehr wohl helfen, Ihre Scham zu lindern und Ihr inneres Kind zu heilen.

Eine der wirksamsten Techniken zur Heilung von Scham und dem inneren Kind ist jedoch das EFT-Klopfen. Es ist eine der besten Techniken, weil Sie die Erinnerungen an die Zeit, in der Sie sich geschämt haben, nicht unbedingt immer wieder durchleben müssen. Sie müssen sich nur ausreichend an sie erinnern, um sie loszulassen. EFT ist im Grunde genommen ein Heilungsprozess und keine Erinnerungs-Jukebox. Die Kombination der positiven Affirmationen mit dem Klopfen der Energiepunkte auf Ihrem Körper kann außerordentlich kraftvoll sein und Ihnen ein echtes Gefühl der Erleichterung und Befreiung von Ihrer Scham vermitteln, so dass Sie erkennen, dass Ihr inneres Kind Liebe braucht. Da Ihr inneres Kind ein Teil von Ihnen ist, sind Sie es, der diese Liebe und Unterstützung am besten geben kann.

Hier ist eine spezielle EFT-Klopfübung, mit der Sie lernen können, nicht nur Ihre Scham, sondern auch Ihr inneres Kind zu heilen. Sie müssen die Affirmation nicht wiederholen, wenn sie nicht auf Sie zutrifft. Wir alle haben unterschiedliche Erfahrungen gemacht. Wenn die Affirmationen also nicht zu Ihnen passen, ersetzen Sie sie einfach durch etwas, von dem Sie denken, dass es besser zu der Erfahrung passt, die Sie gemacht haben, und zu der Scham, die Sie fühlen.

- **1:** Klopfen Sie zunächst auf die Seite Ihrer Hand und sagen Sie: "*Ich habe vielleicht nicht die Liebe und den Glauben erhalten, die ich als Kind brauchte, aber ich liebe und akzeptiere mich immer noch. Auch wenn ich das Gefühl habe, nicht würdig zu sein, mich zu beleidigen und an mir zu zweifeln, liebe und akzeptiere ich mich immer noch von ganzem Herzen.*

- **2:** Klopfen Sie auf den Scheitel, die Stirn über der inneren rechten Augenbraue, die Seite der Schläfe, den Wangenknochen, die Oberlippe unter der Nase, das Kinn, die Herzgegend und unter der Achselhöhle seitlich der Rippen. Führen Sie diesen Zyklus etwa acht Mal durch und sagen Sie dabei Folgendes:

Vielleicht habe ich mich als Kind nicht unter-stützt gefühlt oder hatte nicht das Gefühl, dass immer jemand für mich da war. Ich hatte vielleicht nicht das Gefühl, dass mich jemand beschützt, und das hatte vielleicht schreckliche Folgen. Ich dachte immer, dass entweder etwas mit mir nicht stimmt oder dass alles, was ich tue, falsch ist. Ich hatte immer das Gefühl, dass ich die schlimmen Dinge, die mir passiert sind, verdient habe. Damals wusste ich es einfach nicht besser.
Ich sage negative Dinge über mich selbst. Manchmal schäme ich mich so sehr für mich selbst, dass ich mich verabscheue. Manchmal sehe ich mich im Spiegel und mir gefällt wirklich nicht, was ich sehe.

Wenn ich über mein Leben nachdenke, habe ich das Gefühl, nichts erreicht zu haben, und alles, was ich getan habe, ist nichts wert. Ich setze mir selbst unrealistische Erwartungen und Ziele, die ich erreichen muss. Das gibt mir das Gefühl, dass ich den Sinn von allem nicht sehe. Das sind alles Dinge, die ich von klein auf in mein Wesen eingebaut habe. Obwohl ich dies als Kind gelernt habe, habe ich jetzt gelernt, dass mein Glaube, ich sei nicht würdig, völlig falsch ist.

Da ich es als Kind nicht besser wusste, habe ich das viele Jahre lang geglaubt, und diese Lüge beeinflusst mein Leben noch heute. Wenn diese Gedanken in meinen Kopf kommen, fühle ich mich sehr niedergeschlagen und unglücklich. Ich muss die Kraft und den Mut haben, diese Gedanken zu ändern, wie ich weiß. Jetzt, wo ich erwachsen bin, weiß ich, dass diese Gedanken nicht die Wahrheit sind. Mein Verstand kann das jetzt erkennen, und das Klopfen, das ich jetzt mache, wird es meinem Herzen und dem Rest meines Körpers sagen. Ich weiß, dass all diese Gedanken, die ich über mich hatte, falsch und unwahr sind, aber sie gaben mir das Gefühl, dass mit mir etwas nicht stimmt und dass mich niemand lieben könnte. Ich könnte nie gut genug für jemand anderen sein. Alles unwahr. Ich muss nicht mehr das emotionale Gepäck mit mir herumtragen, das mir meine Erzieher auferlegt haben. Die Scham, die meine Bezugspersonen besaßen und an mich weitergaben, geht nicht weiter. Sie hört hier auf. Sie können die Schande behalten. Ich lehne sie ab. Es ist akzeptabel, dass ich nicht in jeder Hinsicht perfekt bin und dass ich Fehler habe. Das ist es, was Menschsein ausmacht. Ich liebe mich selbst, und ich akzeptiere mich - mit allen Fehlern. Die Scham, die ich einst empfand, hat keinen Einfluss mehr auf mich. Wenn ich die Scham loslasse, fühle ich mich frei, und ich bin erleichtert. Ich freue mich auf die neue Beziehung, die ich zu mir selbst habe.

- **3:** Tief einatmen, ausatmen und entspannen.

## GESUNDE GRENZEN SETZEN MIT SOMATISCHEN FERTIGKEITEN

Das Setzen von Grenzen kann entscheidend dazu beitragen, dass Sie sich von einem Trauma heilen und erholen. Sie sind die Mechanismen, die Sie von anderen Menschen abgrenzen. Sie tragen dazu bei, Sie als Sie selbst zu definieren - wo Sie beginnen und wo Sie enden. Grenzen sollten jedoch flexibel sein. Wenn Sie sich sicher fühlen, sind Sie eher bereit, diese Grenzen zu erweitern, und wenn Sie sich nicht sicher fühlen, werden Sie sich einschränken und die Grenzen enger ziehen.

Sie sehen, wie wichtig das ist. Wenn Ihre Grenzen zu frei sind, geben Sie sich anderen hin, und es kann leicht passieren, dass Sie sich selbst verlieren. Sind Ihre Grenzen hingegen zu eng gesteckt, können Sie sich vom Rest der Welt isolieren und einsam werden.

Wie bei den meisten Dingen haben wir unsere Grenzen daraus gelernt, wie unsere Bezugspersonen auf uns reagiert haben, als wir Kinder waren. Sie sollten sich mit uns beschäftigen, wenn wir Beschäftigung brauchen, und uns in Ruhe lassen, wenn wir Raum brauchen. Es ist nicht immer ein Problem, wenn die Bezugspersonen sich nicht einmischen: Dies kann dem Kind helfen, seine Entschlossenheit und seine Fähigkeit zur Bewältigung zu stärken. Es gibt jedoch drei Hauptbereiche, in denen es zu Problemen führen kann, wenn die Betreuungspersonen über das Ziel hinausschießen:

- **1: Invasion:** Anstatt dem Kind Zeit für sich selbst zu lassen, tut die Betreuungsperson das Gegenteil. Vielleicht, weil sie ihren Trost brauchen, nicht aus böswilligen Gründen, aber das kann dazu führen, dass ein Kind heranwächst und sehr verschlossene Grenzen aufbaut, sich zurückzieht und daher möglicherweise isoliert wird.

- **2: Verlassenheit:** Dies ist das Gegenteil von Invasion. Die Betreuungspersonen gehen nicht auf die Bedürfnisse des Kindes oder seinen Wunsch nach Engagement ein. Im Erwachsenenalter kann dies dazu führen, dass die Grenzen zu weit gesteckt sind. Eine Person wird versuchen, es allen recht zu machen, vielleicht immer versuchen,

Dinge zu tun, um Aufmerksamkeit zu bekommen, und sie kann sich darin verlieren.

- **3: Sowohl Invasion als auch Vernachlässigung:** In diesem Szenario wechselt die betreuende Person unregelmäßig zwischen beiden. Das kann wirklich zu Problemen führen, denn manchmal versucht die Person, die Menschen zu sehr zu erfreuen, und manchmal stößt sie am Ende alle weg. Es ist schon schwer genug, irgendeine Art von Beziehung zu einer Person aufrechtzuerhalten, die ständig eines dieser beiden Dinge tut. Aber wenn sie beides tun, manchmal sogar wahllos, dann kann das Leben sowohl für sie als auch für die Menschen in ihrer Umgebung nur noch schwieriger werden.

Ich mag es eigentlich nicht, Menschen zu bezeichnen. Ich war schon immer der Meinung, dass an Beckers Etikettierungstheorie wahrscheinlich etwas Wahres dran ist, aber um der Klarheit willen werde ich mich auf "toxische" Menschen beziehen - obwohl ich sicher bin, dass sie im Grunde gute Menschen sind und ihnen nur keine eigenen Grenzen gesetzt wurden. Wir alle kennen solche Menschen: Menschen, die negative Gedanken und Gefühle haben, sind diejenigen, die immer einen Weg zu finden scheinen, uns herunterzuziehen oder uns zu enttäuschen. Das Setzen von Grenzen ist eine Möglichkeit, solche Menschen nicht in Ihrem Leben zu haben, wenn Sie sie nicht wollen. Wenn Sie gesunde Grenzen gesetzt haben, sollten diese Art von Menschen nicht in Ihrer Nähe sein. Auch die Art von Konflikten oder unangenehmen Situationen, in die Sie geraten können, lassen sich durch das

Setzen von Grenzen vermeiden. Wenn diese Grenzen vorhanden sind, wissen Sie und alle anderen, woran Sie sind, und Konflikte sollten nicht an der Tagesordnung sein.

Somatische Fähigkeiten können außerordentlich hilfreich sein, um Grenzen zu setzen und zu wahren. Zunächst einmal werden Sie anfangen, Ihr Körperbewusstsein zu entwickeln. Sie werden anfangen, Ihren "gefühlten Sinn" zu entdecken. Das wird Ihnen enorm dabei helfen, herauszufinden, ob sich die Dinge richtig anfühlen oder nicht und ob Sie Ihre Grenzen stärken müssen. Sie werden sich auch Ihrer eigenen Gedankengänge bewusst werden. Während Sie früher vielleicht automatisch etwas getan oder gesagt haben, das es jemandem ermöglicht hat, Sie auszunutzen oder Sie dazu gebracht hat, sich zurückzuziehen, obwohl jemand nur versucht hat, Ihnen zu helfen, werden Sie sich jetzt bewusst, was Sie tun und wie Sie sich verhalten. Das kann Sie davon abhalten, dieselben Fehler zu machen, wenn es um Ihre Grenzen geht.

Eine der wichtigsten Fähigkeiten, die man erlernen muss, um Grenzen zu setzen, ist die Fähigkeit, "Nein" zu sagen - und zwar nicht nur halbherzig, sondern so, dass die andere Person weiß, dass man davon nicht abrücken wird. Sagen Sie nicht einfach automatisch "Ja". Denken Sie immer über Ihre Antwort nach, und vergessen Sie nicht, auch auf Ihr "Gefühl" zu hören. Sie können mit kleinen Dingen anfangen, wie z. B. "Nein" zu sagen, wenn Sie am Freitagabend nicht ausgehen wollen, weil Sie erschöpft sind und eigentlich nur eine Nacht zu Hause brauchen. Oder "Nein" zu sagen, wenn Sie einer Person Geld leihen sollen und sie es Ihnen nicht zurückzahlt. Das ist kein Kredit: Sie geben der Person nur einmal Geld. Nächstes Mal tun Sie es nicht. Natürlich sind die Leute enttäuscht, wenn Sie Nein sagen - das ist unvermeidlich, aber das bedeutet nicht, dass Sie nachgeben müssen. Sie werden die Menschen enttäuschen, aber dadurch werden sie Sie mehr respektieren, und wenn Sie das nächste Mal "Ja" sagen, werden sie wissen, dass Sie es wirklich ernst meinen, und sie werden Sie in Zukunft nicht mehr unnötig fragen.

Das bringt uns zu dem, wozu Sie definitiv "Ja" sagen müssen, nämlich zu Ihrer Verpflichtung, sich zu heilen und für sich selbst zu sorgen. Wenn Sie Ihre Bedürfnisse an die erste Stelle setzen, sich selbst respektieren und lieben, dann fällt es Ihnen leichter, "Nein" zu anderen zu sagen. Sagen Sie "nein" zu anderen, aber "ja" zu sich selbst.

Hier ist eine Übung, die Ihnen dabei hilft, Grenzen zu setzen, "Ja" und "Nein" zu sagen und sicherzustellen, dass Ihr Körper das Gleiche sagt.

## GRENZWERTÜBUNG #1

Beobachten Sie zunächst, was mit Ihrem Körper passiert, wenn Sie laut "Ja" sagen. Wiederholen Sie es einige Male und beobachten Sie, was Ihnen auffällt. Versuchen Sie nun, stattdessen mit Ihrem Körper "Ja" zu sagen. Was verändert sich? Vielleicht ist es Ihre Atmung oder Ihre Körperhaltung. Ist Ihre Bewegung frei? Fühlen Sie sich angespannt? Überlegen und notieren Sie sich die Situationen, in denen Sie gerne "Ja" sagen würden. Möchten Sie zum Beispiel eine Übung zum Setzen von Grenzen machen? "Ja!"

Als Nächstes machen Sie dasselbe, aber für das Sagen von "Nein". Achten Sie darauf, wie Ihr Körper reagiert, wenn Sie mehrmals laut "Nein" sagen. Versuchen Sie dann, nur mit Ihrem Körper "Nein" zu sagen, und beobachten Sie, welche

Veränderungen sich in Ihrem Körper einstellen. Überlegen Sie, in welchen Situationen Sie gerne "Nein" sagen würden. Zum Beispiel: „Kommst du heute Abend mit?"

Nehmen Sie eine der Situationen, in denen Sie gerne "Ja" sagen würden, nehmen Sie die Körperhaltung des "Ja-Sagens" ein und notieren Sie, was passiert, wenn Sie sich dieses Szenario vorstellen. Dann machen Sie dasselbe mit einer Situation, zu der Sie "Nein" sagen wollen.

Am Ende sollten Sie wissen, wie Sie sicherstellen können, dass Ihr Körper und Ihre Stimme das Gleiche sagen und dass Sie sich über das, was Sie mitteilen, wirklich im Klaren sind.

# 8

# ÄNGSTE, SELBSTLIEBE, SELBSTMITGEFÜHL UND ERDRÜCKENDE DEPRESSION

Alles, was in diesem Titel erwähnt wird, kann mit somatischer Therapie behandelt und gelöst werden. Wenn Sie feststellen, dass Sie unter Ängsten leiden, dann ist das etwas, das die somatische Therapie behandeln kann. Wenn Sie Depressionen haben, dann ist das etwas, was die somatische Therapie völlig auflösen kann. Wenn Sie dringend lernen müssen, wie Sie sich selbst Liebe und Mitgefühl entgegenbringen können, kann die somatische Therapie Ihnen zeigen, wie das geht und Ihnen dabei helfen. Möchten Sie in der Lage sein, sich selbst zu verzeihen, wenn Sie Dinge getan haben, die Sie als falsch empfinden? Die somatische Therapie kann Ihnen dabei helfen, die Negativität von Ihrer Seele zu lösen. Somatische Therapie ist wie die Suche nach einem Wasserbrunnen inmitten einer Wüste. Sie haben einen Durst nach Selbstheilung, und die somatische Therapie wird diesen Durst für Sie stillen.

Es ist jedoch schwer, weiterzumachen, wenn man sich selbst keine Pause gönnt. Sie müssen in der Lage sein, sich selbst zu verzeihen. Niemand ist perfekt, und das gilt auch für dich. Sie haben einige Fehler und Irrtümer im Leben gemacht, aber das haben wir alle. Das ist ein Teil der menschlichen Erfahrung. Wenn Sie in Ihrem Herzen keinen Platz finden, um sich selbst zu vergeben, werden Sie das erste Hindernis nie überwinden. Sie werden immer Groll empfinden. Sie werden immer dazu neigen, wütend zu sein und Ihren Nächsten verprügeln zu wollen. Sie werden nie das erreichen, was Sie sich im Leben wünschen, oder Ihr maximales Potenzial ausschöpfen. Sie müssen Ihr Herz reinigen und sich selbst vergeben; dann können Sie beginnen, all die aufregenden Möglichkeiten zu sehen, die sich Ihnen im Leben bieten.

Sie müssen sich auch darin üben, sich von den Ergebnissen zu lösen. Wenn Sie das tun, wird es Ihnen helfen, Ihr Herz zu klären, sich selbst zu verzeihen und eine Chance zu haben, Ihr maximales Potenzial zu erreichen. Das Beste daran ist, dass Sie das Leben genießen können, anstatt sich ständig Sorgen zu machen! Ich habe festgestellt, dass ich durch die Übung des Loslösens wirklich von so viel Stress und Sorgen befreit wurde, auf die ich mich zuvor konzentriert hatte. Machen Sie sich klar, dass Sie nicht alle anderen kontrollieren können. Menschen werden Sie enttäuschen, und Menschen werden Dinge tun, mit denen Sie nicht einverstanden sind. So ist das Leben nun einmal, fürchte ich. Sie können diese Menschen nicht nach Ihren Vorstellungen „in Ordnung bringen". Die einzige Person, die Sie "reparieren" können, sind Sie selbst. Sie müssen nicht in Ordnung gebracht werden, weil mit Ihnen nichts wirklich falsch ist; Sie müssen geheilt werden. Die einzige Person, deren Handlungen Sie jemals kontrollieren können, sind Ihre eigenen.

Finden Sie Ihre eigene Version von Glück. Lassen Sie sich nicht von anderen Menschen vorschreiben, ob Sie glücklich sein sollen oder nicht, und versuchen Sie nicht, Ihre Leistungen oder deren Fehlen zu definieren. Es liegt an Ihnen, zu entscheiden, wie wahres Glück aussieht - und nicht an jemand anderem. Allerdings müssen Sie sich auch von der Vorstellung lösen, dass alles auf eine bestimmte Art und Weise ablaufen muss, denn das tut es nicht. Sehen Sie sich an, wie oft Sie ein Ereignis planen, nur um dann festzustellen, dass etwas, das sich unserer Kontrolle entzieht, dies ändert. Die Pandemie ist ein Paradebeispiel dafür. Alle unsere Pläne sind hinfällig, weil sich etwas unserer Kontrolle entzieht. Akzeptieren Sie es: Die Dinge müssen nicht auf eine bestimmte Art oder auf die perfekte Weise ablaufen. Wenn Sie das akzeptieren können, werden Sie feststellen, dass Sie sich wirklich frei fühlen, das Leben zu genießen und zu schätzen. Außerdem werden Sie wahrscheinlich in Zukunft nicht mehr so streng mit sich selbst sein. Sie werden nicht nur das Leben genießen und wertschätzen, sondern auch sich selbst genießen und wertschätzen.

Schenken wir uns jetzt etwas Selbstliebe mit einer kurzen EFT-Klopfübung:

- 1: Klopfen Sie zunächst auf die Seite Ihrer Hand, während Sie sagen: "Ich akzeptiere mich so, wie ich bin. Ich liebe mich für das, was ich bin. Ich respektiere mich, und ich erwarte, dass andere mich auch respektieren. Ich liebe mich selbst voll und ganz. Ich habe einen Wert. Ich bin gut genug. Ich verdiene es, geliebt zu werden. Ich liebe mich aufrichtig, und ich verspreche, mich zu lieben und zu respektieren. Ich akzeptiere mich als die Person, die ich bin."

- **2:** Klopfen Sie auf die innere Stirn oberhalb der rechten Augenbraue; klopfen Sie auf die Seite Ihrer Schläfe; klopfen Sie auf Ihren Wangenknochen: "Ich liebe mich vollkommen. Ich respektiere mich selbst und glaube, dass ich von großem Wert bin."

- **3:** Klopfen Sie auf Ihre Oberlippe; klopfen Sie auf Ihr Kinn; klopfen Sie unter Ihrer Achselhöhle auf der Seite Ihrer Rippen: "Mich selbst zu lieben ist eine wunderbare Sache, die ich tun kann. Der Gedanke, dass ich mich selbst nicht lieben könnte, ist nicht länger eine Option."

- **4:** Klopfen Sie auf den Scheitel, die Stirn, die Schläfe, den Wangenknochen, die Oberlippe, das Kinn, die Herzgegend und unter die Achselhöhle: "Ein Teil meines Verhaltens war wahrscheinlich auf den falschen Glauben zurückzuführen, dass ich mich selbst nicht lieben könnte. Aber jetzt sind mein Geist und mein Herz offen für das Potenzial der Selbstliebe. Vielleicht hatte ich früher Angst davor, mich selbst zu lieben, aber diese Vorstellung lehne ich jetzt ab. Ich habe keine Angst. Ich bin bereit, mich selbst zu lieben."

- **5:** Klopfen Sie auf den Scheitel, auf die Stirn, auf die Schläfe, auf den Wangenknochen: "Ich finde, je mehr ich mich selbst liebe, desto mehr liebe ich mich tatsächlich selbst."

- **6:** Tippen Sie auf Ihre Oberlippe; tippen Sie auf

Ihr Kinn: "Wenn ich mich selbst liebe, fällt es mir leichter, andere zu lieben."

- **7:** Klopfen Sie auf Ihre Herzgegend; klopfen Sie unter Ihre Achselhöhle: "Das macht mich glücklich. Deshalb liebe ich es, mich selbst zu lieben."
- **8:** Klopfen Sie auf den Scheitel; klopfen Sie auf Ihre Stirn; klopfen Sie auf Ihre Schläfe. "Ich weise alle Gedanken zurück, die ich früher hatte und die mich glauben ließen, dass ich mich selbst nicht lieben könnte.
- **9:** Klopfen Sie auf Ihre Oberlippe; klopfen Sie auf Ihr Kinn; klopfen Sie auf Ihre Herzgegend; klopfen Sie auf Ihren Kopf: "Ich reinige mein Herz und vergebe mir selbst, um mich selbst lieben zu können."
- **10:** Tippen Sie unter Ihre Achselhöhle: "Ich liebe und schätze mich. Ich verdiene Respekt. Ich werde mich selbst lieben, weil ich Liebe verdiene."
- **11:** Tief einatmen, ausatmen und entspannen.

Neben der Selbstliebe brauchen Sie auch Selbstmitgefühl. Hier ist eine EFT-Klopfübung für Selbstmitgefühl. Ich schlage vor, dass Sie den Klopfzyklus etwa dreimal durchführen und dabei die unten stehenden Worte sagen:

Ich werde mir selbst gegenüber mitfühlend sein. Ich liebe und akzeptiere mich so, wie ich bin. Ich liebe mich selbst; deshalb werde ich mir selbst gegenüber mitfühlend sein. Da ich mir selbst gegenüber mitfühlend bin, werde ich mich um mich selbst kümmern und für mich sorgen. Ich liebe mich von ganzem Herzen. Ich mache mein Herz frei - bereit, das Mitgefühl anzunehmen, das ich jetzt für mich selbst habe. Alle Gedanken und Gründe, die mich früher dazu brachten, mir selbst gegenüber nicht mitfühlend zu sein, lehne ich jetzt ab. Ich lasse diese negativen Gedanken und Gefühle aus meinem Geist und aus meinem Körper los. Es ist großartig für mich, mir selbst gegenüber Mitgefühl zu zeigen. Es wird mich geistig und körperlich gesünder machen, und es wird mich zu einem besseren Menschen machen. Wenn ich mir selbst gegenüber Mitgefühl zeige, dann ist es wahrscheinlicher, dass ich auch anderen gegenüber echtes Mitgefühl zeige. Ich weigere mich, negativ über mich zu sprechen oder mich selbst herabzusetzen. Ich erkenne jetzt, dass das keine gesunde Art und Weise war. Wenn ich das nächste Mal eine Fehleinschätzung mache oder einen Fehler begehe, werde ich mir selbst gegenüber Mitgefühl zeigen. Ich verdiene es, mir selbst gegenüber Mitgefühl zu haben, und ich werde mir selbst gegenüber Mitgefühl haben.

Atmen Sie tief ein, atmen Sie aus und entspannen Sie sich. Wir haben uns etwas Selbstliebe und Selbstmitgefühl geschenkt, und jetzt ist es Zeit für etwas Selbstvergebung. Wenn wir das nicht praktizieren, werden wir immer wütend auf uns selbst und die Welt sein. Lassen Sie uns mit der Heilung beginnen und uns selbst vergeben. Wiederholen Sie den Klopfzyklus etwa dreimal, während Sie dies sagen:

> Ich möchte mir selbst gründlich verzeihen. Ich schäme mich für Dinge, die ich in der Vergangenheit gesagt oder getan habe. Ich möchte die Schuldgefühle und Spannungen loslassen und mich frei fühlen. Es ist in Ordnung, wenn ich mir selbst vergebe. Um loszulassen und frei zu sein, muss ich mir selbst verzeihen. Ich liebe und akzeptiere mich von ganzem Herzen, und ich vergebe mir selbst. Wenn ich mich selbst liebe, dann kann ich mir auch selbst verzeihen. Wenn ich mich um mich selbst kümmern will, dann kann ich mir auch selbst verzeihen. Ich verdiene Vergebung, auch wenn ich manchmal gegen diese Überzeugung ankämpfe. Ich liebe mich bedingungslos; deshalb vergebe ich mir. Was immer ich in der Vergangenheit getan habe, ich akzeptiere die Schuld. Ich habe aus den Fehlern, die ich in der Vergangenheit gemacht habe, gelernt. Jetzt vergebe ich mir selbst und lasse sie hinter mir. Ich freue mich darauf, jetzt, wo ich mir selbst vergeben habe, neu anzufangen - ein glücklicheres und gesünderes Leben zu führen und in der Lage zu

sein, mir selbst zu vergeben und anderen mit Leichtigkeit zu verzeihen. Ich akzeptiere mich so, wie ich bin, und ich vergebe mir selbst. Ich vergebe mir selbst vollständig. Ich bin ein guter Mensch. Ich vergebe mir selbst und bin mit mir im Reinen.

Atmen Sie tief ein, atmen Sie aus und entspannen Sie sich.

Ich weiß, dass man bei dem Wort "Selbstliebe" entweder an Menschen mit runden, lila Sonnenbrillen und Blumen im Haar denkt oder dass es sich dabei um eine Art Euphemismus handelt. Doch es gibt einen Grund, warum der Satz "Du kannst niemanden lieben, solange du dich nicht selbst liebst", existiert. Denn solange man sich selbst nicht liebt, ist es viel schwieriger, mit dem Rest der Welt zurechtzukommen. Wenn man sich selbst hasst, ist es fast unvermeidlich, dass man auf sich selbst und alle anderen wütend ist, denn es muss ein Ventil geben, um diese Wut loszuwerden. Wenn man sich selbst nicht liebt, respektiert man sich auch nicht, so dass man immer die Bedürfnisse und Wünsche anderer über die eigenen stellt. Wenn dies bei der Arbeit der Fall ist, wird es wahrscheinlich dazu führen, dass Sie völlig ausgebrannt sind. Wenn es um Beziehungen geht, werden Ihre Persönlichkeit und Ihr Individualismus wahrscheinlich vollständig von Ihrem Partner vereinnahmt. Wenn Sie sich selbst lieben, dann sind Sie, wenn die schlimmen Dinge im Leben passieren (und das werden sie - man kann ihnen nicht entkommen, z. B. dem Tod eines geliebten Menschen), viel besser gerüstet, um mit den Situationen auf gesunde Weise umzugehen und nicht zu ungesunden Mitteln zu greifen, um sie zu überstehen. Wenn Sie erst einmal Selbstliebe entwickelt haben, ergibt sich daraus alles andere: Respekt, Wertschätzung, Vertrauen und Glaube; die anderen Dinge, über die wir gesprochen haben, wie Mitgefühl und Vergebung für sich selbst, werden so viel einfacher.

Natürlich ist es nicht leicht, an diesen Punkt zu gelangen. Es gibt so viele Blockaden und Hindernisse, die wir uns selbst in den Weg stellen, um an diesen Punkt zu gelangen. Es ist all das negative Gerede und die einschränkenden Glaubenssätze, die wir uns selbst auferlegen und die uns glauben lassen, dass wir nicht gut genug sind, dass wir der Liebe nicht würdig sind und dass wir es nie zu etwas bringen werden. Wir müssen unser Herz und unseren Verstand von diesen Gedanken und Gefühlen befreien, um zur Selbstliebe zu gelangen.

Wenn wir uns selbst lieben, ist es möglich, uns zu verzeihen. Allerdings müssen wir die Verantwortung übernehmen, für die wirklich schlechten Dingen, die wir getan und gesagt haben, dazu stehen und uns dafür entschuldigen. Wenn Sie jedoch in diesem Buch nachschauen, dann ist die Wahrscheinlichkeit groß, dass Sie sich selbst die Schuld geben, obwohl es eigentlich nicht Ihre Schuld war. Wie das Sprichwort sagt: "Zum Tango gehören immer zwei". Was auch immer die Situation ist - wenn Sie glauben, dass Sie jemanden verletzt oder verärgert haben -, es waren zwei nötig, damit das passiert. Sie können nicht alles alleine machen, also kann es unmöglich nur Ihre Schuld sein. Es sei denn, Sie haben einen Tango getanzt und sind Ihrem Partner auf den Fuß getreten, dann war das Ihre Schuld. Nein, warten Sie mal: "Zum Tango gehören immer zwei."

Auch Sie sind nicht allein; wir alle haben in unserem Leben schreckliche Fehler gemacht und Urteile gefällt. Wir treffen jeden Tag tausende von Entscheidungen, und es ist unvermeidlich, dass einige davon nicht so gut ausfallen, wie wir hoffen. So ist das Leben. Wenn Sie den Schritt machen können, sich selbst zu verzeihen, ist das wirklich eine große Veränderung. Wenn Sie erkennen, dass nicht alles Ihre Schuld ist, dass nicht alles von Ihnen abhängt und dass nicht alles auf Ihren Taten beruht, dann kann das die Dinge für Sie wirklich verändern. Solange Sie das nicht tun, werden Sie sich leider selbst daran hindern, das bestmögliche Leben zu führen. Es wird immer ein Element der Selbstsabotage geben, aber wenn man sich selbst vergibt und alle Selbstzweifel und Selbstvorwürfe loslässt, dann wird alles möglich.

Lassen Sie uns eine EFT-Klopfübung machen, um die Schuldfrage zu klären. Sie wissen inzwischen, worum es geht. Beginnen Sie mit dem Klopfen auf der Seite Ihrer Hand. Bewegen Sie sich dann durch den Zyklus vom Scheitel bis zur Seite Ihrer Rippen. Klopfen Sie so lange, wie es sich richtig anfühlt, oder so lange, wie Sie es brauchen. Sagen Sie das Folgende:

*ES IST MIR PEINLICH, WAS ICH GETAN UND GESAGT HABE. Es war so dumm von mir, das zu tun. Ich bedaure mein Handeln sehr und fühle mich deswegen sehr schuldig. Ich würde mir gerne verzeihen, aber ich habe immer noch das Gefühl, dass ich selbst schuld bin. Bisher war ich nicht in der Lage, die Schuldgefühle loszulassen und mir selbst zu verzeihen. Heute ändert sich das. Mit diesem Klopfen beginne ich meine Reise, die Schuld und Scham aus meinem Geist und Körper zu befreien. Heute vergebe ich mir selbst, und ich halte nicht länger an der Schuld fest. Ich liebe und akzeptiere mich selbst, so dass ich weiß, dass ich den Schritt zur Selbstvergebung machen kann. Nicht alles ist meine Schuld; nicht alles geschieht wegen mir und wegen meiner Art. Das weiß ich jetzt. Vorher wusste ich das nicht. Deshalb war ich nicht in der Lage, mir selbst zu verzeihen. Jetzt werde ich mir selbst verzeihen. Wenn ich die Zeit zurückdrehen könnte, würde ich die Dinge anders machen, aber ich weiß, dass ich ein Mensch bin. Was auch immer mich zu meinem Verhalten veranlasst hat, hat stattgefunden, aber es ist menschlich, sich zu irren. Das kann ich mir verzeihen. All die Schuldgefühle, die Scham und das Bedauern, die ich all die Jahre in mir getragen habe, darf ich jetzt loslassen. Ich lasse sie alle aus meinem Körper und meinem Geist los. Langsam und sicher lasse ich sie alle los. Ich bin bereit, mir selbst zu verzeihen. Ich lasse all meine Schuld los. Ich entferne meine Schuld aus meinem Kopf und meinem Herzen.*

Atmen Sie tief ein, atmen Sie aus und entspannen Sie sich.

Selbst wenn wir uns selbst Vergebung und Selbstliebe versprechen, kann es schwierig sein, einen bestimmten Punkt zu überwinden. Das liegt daran, dass wir manchmal einen inneren Konflikt in uns austragen. Wir wollen uns selbst vergeben, aber etwas hält uns auf und sagt: "Nein, du verdienst keine Vergebung." Im Allgemeinen kann ein innerer Konflikt manchmal einfach bedeuten, dass sich die Dinge in uns nicht richtig anfühlen. Wir sind nicht im Frieden mit uns selbst oder mit jemand anderem. Wenn dieser innere Konflikt nicht gelöst wird, kann er sich in viel ernstere Leiden wie Verzweiflung und Depression verwandeln. Sie müssen in der Lage sein, diesen inneren Konflikt in sich selbst zu klären, um Fortschritte machen zu können.

In diesem Kapitel - und im gesamten Buch - geht es darum, sich selbst zu erforschen und etwas über sich selbst herauszufinden. Es geht darum, wie Sie im Laufe der Jahre programmiert wurden und wie Ihnen einschränkende Glaubenssätze auferlegt wurden. Es geht darum, wie Sie lernen können, sich selbst zu lieben, sich selbst zu akzeptieren und sich selbst zu vergeben. Durch diese Selbsterkenntnis wird Ihnen klar werden, warum Sie sich so verhalten haben, wie Sie es getan haben, und warum Sie diese Gefühle und Emotionen im Laufe der Jahre hatten. Vielleicht werden Sie sogar neue Emotionen und Gefühle entdecken, von denen Sie gar nicht wussten, dass sie in Ihnen stecken. Bis jetzt sind Sie bestenfalls auf der Stelle getreten und haben sich kaum über Wasser gehalten. Sie hatten noch nicht die Gelegenheit, die Chancen des Lebens wirklich zu ergreifen und darüber nachzudenken, was Sie eigentlich tun sollten. Im Sanskrit gibt es ein Wort - Dharma -, das so viel bedeutet wie die Bestimmung Ihrer Seele. Nun, auf Ihrer Reise der Selbstentdeckung ist dies wirklich die Chance, herauszufinden, was der Zweck Ihrer Seele und Ihres Lebens ist. Dies ist die Chance, Ihrer Seele all die Nahrung und Güte zu geben, die sie brauchen könnte, während Sie sich selbst erforschen und sich selbst mehr lieben. Jetzt ist die Gelegenheit, herauszufinden, was Sie wirklich tun wollen und was Ihre Seele zum Singen bringt. Ergreifen Sie das Mikrofon des Lebens und singen Sie die Nummer, nach der sich Ihre Seele sehnt. Dies alles kann mit Hilfe der somatischen Therapie erreicht werden. Sie kann Sie heilen, sie kann Ihnen helfen, sich selbst zu entdecken, und sie kann Ihnen helfen, von Ängsten und Depressionen wegzukommen und zu einem wahren Ort des Glücks und des Friedens zu gelangen. Die somatische Therapie kann Ihnen helfen, all das und noch mehr zu erreichen.

## DEPRESSION UND SOMATISCHE THERAPIE

Depressionen können Tage, Monate und sogar Jahre andauern. Es ist eine Herausforderung, damit umzugehen und sich durchzukämpfen, wenn sie auftritt. Sie kann durch alles Mögliche ausgelöst werden. Vielleicht ändert sich etwas in Ihrem Leben dramatisch, oder Sie erleben ein traumatisches Ereignis. Manchmal treten Depressionen auch auf, ohne dass es dafür einen Grund zu geben scheint - wahrscheinlich holt der Körper das Ereignis erst Jahre später nach, oder es ist etwas Kleines, das den Körper aus der Bahn geworfen hat. Depressionen treten auf, wenn unser Körper in einen permanenten "Freeze"-Modus oder sogar in den "Shutdown"-Modus übergeht. Frauen neigen doppelt so häufig zu Depressionen wie Männer ("Depressive Störungen", n.d.). Das ist vielleicht gar nicht so überraschend, wenn man bedenkt, was ihr Körper und ihre innere Dynamik im Vergleich zu Männern alles durchmachen müssen - in Verbindung mit dem Druck, den Frauen oft auf sich selbst ausüben, um "alles zu haben": ein Druck, der im Leben der meisten Männer völlig fehlt.

Ich erinnere mich an die eine Zeit in meinem Leben, in der ich wirklich mit Depressionen zu kämpfen hatte. Das war in meinen späten Teenagerjahren bis zu meinen frühen 20ern. Ich kann mich sehr gut daran erinnern, denn obwohl ich seit vielen Jahren keine derartigen Episoden mehr hatte, halte ich immer Ausschau nach denselben Gefühlen, die zurückkehren. Früher war es eine enorme Anstrengung, nur aus dem Bett zu kommen. Wenn ich vor Mittag aus dem Bett kam, war das ein Wunder. Wenn ich erst einmal aufgestanden war, konnte ich mich nicht dazu aufraffen, zu duschen, mir die Zähne zu putzen oder mich anzuziehen. Ich wollte immer allein sein, denn die Gesellschaft anderer Menschen wurde mir unerträglich. Man glaubt, dass niemand in seiner Nähe sein möchte, und so wird es zu einer sich selbst erfüllenden Prophezeiung, da man sich von allen isoliert, die einem helfen und unterstützen wollen. Ich hätte zwar nie einen Selbstmordversuch unternehmen können, weil ich einfach nicht zu so etwas fähig war, aber das hat mich nicht davon abgehalten, die Art von Gedanken zu haben, bei denen man glaubt, dass niemand einen vermissen würde, wenn man nicht da wäre, und dass die Welt wahrscheinlich ein besserer Ort wäre, wenn man nicht da wäre. Möglicherweise wäre man glücklicher, wenn man nicht mehr da wäre, weil das Leben einfach zu schmerzhaft und zu anstrengend für einen ist. Ich glaube nicht, dass ein einzelnes Ereignis der Auslöser war, sondern viele Dinge über einen langen Zeitraum hinweg, die mich an diesen Punkt brachten, und ich glaube, es lag daran, dass sich in dieser Zeit auch alles in meinem Leben veränderte. Ich habe oft in Frage gestellt, wer ich war. Es in Worte zu fassen, beschreibt nicht einmal ansatzweise, wie dunkel und einsam eine Depression ist, aber ich fühle mich jetzt nicht so - das ist das Positive. Wenn man sich damit auseinandersetzt, muss eine Depression nicht ewig andauern. Es gibt einen Grund, warum unser Körper und unser Geist in eine Depression verfallen, und das bedeutet, dass es einen Ausweg gibt. Dieser Weg kann eine somatische Therapie sein.

Aus den vorangegangenen Kapiteln wissen wir bereits, dass es viele somatische Therapietechniken gibt, die Sie ausprobieren können, wenn Sie sich deprimiert fühlen. Sie können CBT anwenden, um Ihre Denkmuster zu hinterfragen. Sie können all den Gedanken nachgehen, die Sie ständig haben und die den schlimmstmöglichen Ausgang oder

Zustand beschreiben. Lassen Sie uns darüber nachdenken, wie realistisch dieser Gedanke tatsächlich ist, und sehen Sie, ob wir das Denkmuster ändern können. Auch die Stimulation des Vagusnervs kann eine gute Methode sein. Es gibt extremere Varianten, bei denen der Nerv mit Elektroden und nicht nur mit den Fingern stimuliert wird, aber schon eine einfache Stimulation des Vagusnervs bringt Ihr System für soziales Engagement in Gang. Dann können Sie sich in eine spielerische Stimmung versetzen, in der Sie vielleicht mit Ihrem Gesichtsausdruck und Ihrem Tonfall herumspielen und versuchen, die schwarze Wolke, die über Ihnen schwebt, zu vertreiben, damit die Sonne durchbricht.

Sie können einige einfache Techniken anwenden, die speziell bei Depressionen wirklich helfen. Eine davon ist, sich in Haltungen oder Positionen zu begeben, in denen man die Wirbelsäule verlängert. Im nächsten Kapitel werden somatische Yogapraktiken erwähnt, zu denen auch Haltungen gehören, die in diesem Zusammenhang hilfreich sind. Wenn wir deprimiert sind, neigt unser Körper dazu, sich zu krümmen, und unser Brustkorb gibt ein wenig nach. Wenn Sie also etwas tun, um Ihre Wirbelsäule zu verlängern, können Sie Ihre Einstellung und Ihre Aussichten verbessern. Es ist keine dauerhafte Heilung, aber es kann neben all der anderen somatischen Arbeit hilfreich sein.

Bewegung ist auch eine große Hilfe, wenn Sie sich deprimiert fühlen. Schon das Aufstehen aus dem Sessel kann einen kleinen Unterschied ausmachen. Wenn Sie jedoch ein paar grundlegende Übungen machen, ein paar kleine Yoga-Bewegungen, etwas Qigong oder einfach nur ein paar Übungen zur Muskelanspannung und -entspannung – beides wird in Kapitel 9 behandelt –, kann das wirklich helfen, Ihre Stimmung zu heben und Ihnen ein besseres Gefühl für sich selbst zu geben.

Die sensomotorische Psychotherapie, die ich Ihnen in Kapitel 6 vorgestellt habe, kann ein nützliches Instrument im Kampf gegen Depressionen sein. Nehmen Sie sich die Zeit, Ihren Körper zu spüren, und stellen Sie sich die Fragen, wie Sie sich fühlen. Allein die Zeit, die Sie sich nehmen, um Ihren Körper und die Welt um Sie herum kennenzulernen, kann Ihr Nervensystem in Schwung bringen und ihm helfen, positive Energie zu produzieren.

## ANGST, AUSLÖSER, STRESSABBAU UND SOMATISCHE THERAPIE

Angst ist eine Form extremer Beunruhigung, bei der Sie sich außergewöhnlich gestresst fühlen, Ihre Atmung kann flach werden, Sie haben das Gefühl, eine Panikattacke zu bekommen, Ihnen ist übel, oder Ihre Haut juckt. Die körperlichen Reaktionen auf Angst sind von Mensch zu Mensch verschieden, aber die seelischen Ängste sind ähnlich: Sie haben Angst oder sind besorgt über etwas oder eine Situation. Auslöser sind die Dinge, die Ihr Gedächtnis mit der Gefahr verbindet - sei es eine Person, ein Ereignis oder ein Gegenstand. Ich hatte zum Beispiel eine Freundin, die früher Vermieterin war, und ein Mieter bereitete ihr große Kopfschmerzen. Nachdem dieser Mieter ausgezogen war, bekam meine Freundin große Angst vor allem, was mit der Wohnung zu tun hatte. Sie stellte sich alle möglichen Probleme mit der Wohnung vor, die es in Wirklichkeit gar nicht gab, aber nicht die Wohnung war die eigentliche Gefahr, sondern das Verhalten der unberechenbaren Leute. Die Wohnung an sich war völlig in Ordnung.

Ich kenne jemanden, der sich einer Chemotherapie unterzog. Dieser feierte seine abgeschlossene erste Heilungsrunde mit Fisch und Chips - nicht ahnend, dass diese Speisen ihn später wahrscheinlich krank machen würden. Natürlich waren er nach Fish and Chips "krank". Danach konnten er Fisch und Chips lange Zeit nicht mehr ertragen - nicht nur, weil er davon krank geworden war, sondern weil es ihn letztlich an die Chemo und damit an Krebs erinnerte. Diese Auslöser können bei ganz gewöhnlichen Gegenständen und Dingen funktionieren, aber weil sie sich auf die Gefahr beziehen, der die Person begegnet ist, bekommt das Gehirn Angst und verbindet beides miteinander, was zu falschen Schlussfolgerungen führt.

Ich sollte mich klar ausdrücken: Auslöser sind keine schlechte Sache. Ihre Aufgabe ist wichtig, denn sie machen uns auf eine drohende Gefahr aufmerksam. Problematisch wird es erst dann, wenn Gehirn und Körper auf Hochtouren laufen und man sich auf eine Gefahr einstellt, obwohl eigentlich alles völlig sicher ist. Das kann zu einer Spirale werden, in der man sich, wie im Beispiel der Wohnung meiner Freundin, vor ihr fürchtet, so dass der beste Weg, dieser Angst zu entkommen, darin besteht, sich ihr nicht zu nähern oder mit niemandem darüber zu sprechen. Aber dann stellt Ihr Verstand die Assoziation her, dass das, was Sie vor der (eingebildeten) Gefahr in Bezug auf die Wohnung bewahrt hat, darin besteht, nicht in ihre Nähe zu gehen. Dann können Sie sich ganz allgemein vor Wohnungen fürchten. Jede Wohnung ist jetzt ein Auslöser für die Gefahr. Jetzt haben Sie Angst, auszugehen, weil Sie eine Wohnung sehen könnten, und Sie versuchen, mit niemandem zu sprechen, weil er erwähnen könnte, dass er in einer Wohnung lebt. Auch wenn das ein wenig albern klingt, ist diese Art von Gedankenkreislauf nicht ungewöhnlich. Wenn die Auslöser ein solches Maß an Sensibilität erreichen, werden sie zur Gefahr. Man kann sich in einer Angstspirale verfangen, die immer nur nach unten führt.

Hier finden Sie einige unkomplizierte und leicht zu befolgende Übungen aus der somatischen Therapie, mit denen Sie Ihre Ängste heilen und die Auslöser dämpfen können:

- **1: Bringen Sie sich in eine gute "geerdete" Position.** Vergewissern Sie sich, dass Sie bequem in einem Stuhl oder auf einem Sofa sitzen und Ihre Füße fest auf dem Boden vor Ihnen stehen. Versuchen Sie, Ihre Schultern, Ihren Nacken und Ihre Arme zu entspannen. Legen Sie Ihre Hände und Arme auf die Oberschenkel, so dass Sie in einer guten Position zum Atmen sind. Atmen Sie wie gewohnt und versuchen Sie, sich darauf zu konzentrieren, wo Sie die Angst körperlich spüren. Identifizieren Sie diese Bereiche. Ist es Ihr Magen? Fühlt sich Ihre Brust angespannt an? Sind es Ihre Hände, die sich schwitzig anfühlen? Fühlt sich Ihre Haut juckend an? Ist es das Herzklopfen? Wo auch immer Sie die Angst spüren, konzentrieren Sie sich auf diesen Bereich und stellen Sie sich vor, dass Ihr Atem aus diesem Bereich kommt. Sie können die Stelle berühren, so dass Ihr Geist und Ihr Körper die Verbindung herstellen, wo die Angst ist und dass Sie sie heilen wollen. Sie sollten in dieser Situation des Atmens, Konzentrierens und Heilens etwa 30 Sekunden lang bleiben, um zu sehen, was passiert, und dann sollten Sie das eine ganze Minute lang erleben. Es ist zu hoffen, dass sich der Bereich weniger angespannt anfühlt und die Ängste nach und nach abnehmen.

- **2:** Setzen Sie sich ab und zu einfach hin und sprechen Sie mit sich selbst. Wie atmen Sie? Atmen Sie mit Ihrem Brustkorb? Dann konzentrieren Sie sich und atmen Sie stattdessen mit dem Bauch. Wenn Sie diese flache Form der Atmung ablegen, sollte sich das auf Ihre Angstgefühle auswirken und diese vermindern.

- **3:** Wenn Sie sich angespannt fühlen, spannen Sie diesen Teil Ihres Körpers an, machen Sie ihn so angespannt wie möglich, und lassen Sie ihn dann langsam und sanft los. So seltsam es auch klingen mag: Wenn Sie den Bereich, in dem Sie die Angst spüren, so stark wie möglich anspannen und dann loslassen, kann dies die Angst tatsächlich verringern. Der Grund dafür ist, dass Ihr Körper und Ihr Geist ein Problem erkennen und sich damit auseinandersetzen. Wenn Sie dies getan haben, kann sich Ihr Körper entspannter anfühlen. Ohne diese Methode und wenn Sie nur versuchen, sich zu entspannen, hat Ihr Körper das Gefühl, dass Sie versuchen, ihn zu ignorieren. Indem Sie die Angst erkennen und sich in dem betreffenden Bereich so fest wie möglich anspannen und dann loslassen, merkt Ihr Körper, dass Sie erkannt haben, dass er in diesem Bereich Schwierigkeiten hat. Jetzt haben Sie erkannt, dass er froh ist, wenn Sie die Sache vergessen und weitermachen.

## SOMATISCHE WUTENTLADUNG

Wut wird manchmal als ein verleumdetes Gefühl empfunden. Wir betrachten sie mit Misstrauen und Angst. Wenn jemand wütend ist, sehen wir das manchmal als Schwäche an; wir hören dann zum Beispiel: "Oooh, was ist denn mit dem los? Habe ich einen Nerv getroffen?" und andere Kommentare dieser Art. Natürlich hat die Wut, wie alle Gefühle, einen Sinn. Wenn wir wütend sind, dann deshalb, weil etwas nicht in Ordnung ist. Wenn jemand ständig wütend ist, stimmt etwas nicht, das viel tiefer liegt. Es geht nicht nur um ein Problem bei der Arbeit oder um die Verärgerung darüber, dass der Partner nicht getan hat, was man von ihm verlangt hat. Es kann eine Person auch in Schwierigkeiten bringen. Ständige Wut kann zu Gewalt und Drohungen führen oder dazu, dass man Menschen gegenüber unfreundliche Dinge sagt, die nicht so gemeint sind. Bei manchen Menschen kann es dazu führen, dass sie schweigen oder ununterbrochen schmollen. Wie auch immer es ausgeht, es ist einfach nicht angenehm, sich so zu fühlen - immer mit allem und jedem im Streit zu liegen. Es ist obendrein anstrengend, und man wird wahrscheinlich nicht viele Freunde oder Familienangehörige haben, die diese ständige Wut ertragen können. Ich möchte jedoch, dass Sie sich an etwas erinnern: Es ist in Ordnung, wütend zu sein, und es ist nichts, wofür man sich schämen muss. Es ist eine normale menschliche Emotion, die wir alle durchleben. Es kann gefährlich sein, Emotionen zu unterdrücken, und kann zu gesundheitlichen Problemen führen, also ist es in Ordnung, wütend zu sein, wenn man es zulässt. Wir müssen nur vorsichtig sein, wenn die einzige Emotion, die wir zu empfinden scheinen, Wut ist.

Somatische Therapie und Selbsterfahrung können eine große Hilfe für diejenigen sein, die ihre Wut verstehen, loslassen und auf gesunde Weise loslassen wollen. Sie hilft dabei, all die Emotionen freizusetzen, die tief in einem Menschen vergraben sind und die er nicht erkennen und akzeptieren wollte. Die Anwendung somatischer Techniken über einen längeren Zeitraum hinweg kann die Bewältigung und Regulierung von Wut erheblich erleichtern, was sich wiederum positiv auf die Gesundheit auswirkt: weniger Verdauungsprobleme, entspanntere Muskeln, bessere Konzentration und bessere Nachtruhe (Friedman, 2019).

Da Wut eine so starke Emotion ist, ist es wichtig, mit ihr auf eine sichere und gesunde Weise umzugehen. Die Anwendung kathartischer Methoden, bei denen jemand ermutigt wird, alles durch Schreien oder körperliche Entladungen herauszulassen, ist eine Möglichkeit, aber möglicherweise nicht gesund. Durch somatisches Erleben und andere Praktiken, bei denen man lernt, auf seinen Körper zu hören, kann man jedoch mit der Zeit anfangen, seine Wut zu verstehen. Sie können sie nach und nach auf kontrollierte und gesunde Weise und in einem sicheren Raum herauslassen. Alles auf einmal und unkontrolliert herauszulassen, hat möglicherweise keine so sichere Wirkung auf Sie – vor allem, wenn Sie unter PTBS oder anderen Traumasymptomen leiden. Es kann sogar ziemlich schädlich für Sie sein, und jede Wut wird nur vorübergehend freigesetzt werden – sie wird nicht die von Ihnen benötigte Langzeitwirkung haben.

Lassen Sie uns mit einer somatischen Übung zum

Loslassen von Wut beginnen, um zu sehen, wie einfach sie durchzuführen ist. Noch einmal: Sie können sie gefahrlos zu Hause durchführen, und Sie können allein in einen Raum gehen und üben, wenn die Emotion auftritt.

Lernen Sie zunächst, wie immer bei somatischen Praktiken, Ihren Körper kennen. Nehmen Sie sich etwas Zeit, um zu spüren, wo in Ihrem Körper die Wut sitzt. Atmen Sie einige Male tief ein und aus und spüren Sie, wo die Wut ist. Schütteln Sie nun Ihren Körper, wo immer Sie diese Wut spüren. Sie können Ihre Hände benutzen, um einen leichten Druck auszuüben, wenn Sie wollen. Schütteln Sie Ihren Körper und stellen Sie sich vor, wie Sie die Wut herausschütteln, so dass sie weg ist und Sie frei und bereit sind, weiterzugehen. Dies ist eine wirklich einfache, unkomplizierte Übung, die Sie durchführen können, wenn Sie sich wütend oder frustriert fühlen.

Eine andere Möglichkeit ist, etwas zu finden, das Sie sehr fest zusammendrücken können: ein Handtuch, ein Kleidungsstück oder sogar den Unterarm eines Partners oder Freundes. Aber seien Sie vorsichtig: Es handelt sich um den Unterarm und nicht um das Handgelenk oder das Ellbogengelenk. Achten Sie darauf, dass es sich um etwas handelt, das Ihnen hilft, Ihre Wut loszuwerden, damit Sie Ihren Tag fortsetzen können.

Wenn Sie diese Übungen mit Ihrer allgemeinen somatischen Erfahrung kombinieren, lernen Sie Ihren Körper kennen, verstehen, wo und warum der Ärger lebt, und können ihn langsam aber sicher loslassen, so dass Sie Ihr Leben gesund und sicher wieder aufnehmen und fortsetzen können.

# 9

# NEUE WEGE ZUR GENESUNG ENTDECKEN (WEITERE TECHNIKEN ZUR TRAUMAHEILUNG)

O bwohl sie nicht Teil des somatischen Erlebens sind, gibt es viele weitere somatische Techniken, die Sie in Ihre Heilungs- und Therapieroutinen einbauen können. Sie alle unterstützen die Flexibilität des Gehirns und fördern seine Fähigkeit, sich anzupassen und zum Besseren zu verändern.

## QIGONG UND SCHÜTTELÜBUNGEN

Die Übersetzung von "Qigong" lautet "Energiearbeit". Das liegt daran, dass man beim Üben von Qigong im Wesentlichen versucht, Energie durch die Handflächen zu leiten. Normalerweise macht man das im Stehen. Dies wird in der Regel auch mit bestimmten Atemübungen kombiniert. Der Schlüssel zu allem ist die Koordination der Augen mit den Bewegungen, die Sie machen, in Verbindung mit Ihrer Atmung und der Konzentration Ihres Geistes. Eine Überprüfung der vielen Studien über Qigong und Tai Chi (eine weitere Praxis) ergab, dass sie viele gesundheitliche und psychologische Vorteile haben (Jahnke et al., 2010). Wenn man sich vor Augen führt, was Peter Levine über Tiere sagte, die ihr Trauma abschütteln, macht es Sinn, dass energetische Praktiken, einschließlich Schütteln, gut für unsere körperliche und geistige Gesundheit sein können.

Das Gute an Qigong ist, wie bei so vielen somatischen Praktiken, dass man es überall machen kann; solange man einen ruhigen und friedlichen Ort findet, kann man es leicht üben.

Um Ihnen einen Vorgeschmack zu geben, finden Sie hier eine einfache Schüttelübung, der Sie folgen können:

- Beginnen Sie mit einer guten, aufrechten Körperhaltung. Schließen Sie die Augen und spüren Sie Ihren Atem; spüren Sie sich und Ihren Körper im gegenwärtigen Moment. Dann, wenn Sie sich bereit dazu fühlen, öffnen Sie Ihre Augen, aber achten Sie darauf, dass Sie das Gefühl, in der Gegenwart zu sein, nicht verlieren; wecken Sie die Energie in Ihrem Körper. Beginnen Sie damit, Ihren rechten Arm zu schütteln, aber achten Sie darauf, ihn in einem entspannten Zustand zu halten: Spannen Sie ihn beim Schütteln nicht an. Dann schütteln Sie Ihr rechtes Bein. Dazu müssen Sie Ihr Bein leicht vom Boden anheben. Wenn Sie das Gefühl haben, dass es weitergehen kann, setzen Sie das rechte Bein ab und schütteln Sie den linken Arm. Wenn Sie das Gefühl haben, dass es sich richtig anfühlt, gehen Sie dann zum linken Bein über.

- Sobald Sie das Gefühl haben, dass es in Ordnung ist, sich nach unten zu bewegen, legen Sie das linke Bein ab und schütteln Sie Ihren ganzen Körper: Arme, Beine, Körper, Kopf - alles. Achten Sie auch hier darauf, Ihren Körper locker und entspannt zu halten - spannen Sie nicht alles an. Sie können Ihre Augen schließen, wenn Sie möchten. Anders als beim Schütteln des Beins sollten Sie Ihre Füße auf dem Boden lassen. Sie können jedoch Ihre Fersen auf und ab heben, aber heben Sie Ihr Bein nicht wirklich vom Boden ab. Versuchen Sie, sich noch stärker zu schütteln, geben Sie sich ganz dem Schütteln hin und sehen Sie, ob Sie die Energie in Ihrem Inneren wirklich freisetzen können. Sie können Ihre Arme hochheben, wenn es das ist, was Ihre Energie Ihnen vorgibt zu tun. Ihr Mund sollte völlig entspannt sein, und wenn Sie dadurch Geräusche machen, ist das in Ordnung. Sie lassen Energie aus sich heraus, also ist es in Ordnung, wenn Sie Geräusche machen, wenn es das ist, was Sie tun sollen. Fangen Sie ganz langsam an, sich etwas weniger stark zu schütteln - tun Sie dies langsam, bis Sie wieder in einer statischen, stehenden Haltung sind.

## SOMATISCHES YOGA

Somatisches Yoga ist, wie der Name schon sagt, eine Mischung aus Yoga und den Geist-Körper-Prinzipien der Somatik. Es nutzt die somatische Wahrnehmung des Körpers, um Ihr Gehirn neu zu verdrahten und Ihre Muskeln zu trainieren, um Spannungen und Stress abzubauen, die sich aufgrund eines Traumas angesammelt haben könnten. Sie folgen nicht einfach den Anweisungen eines Yogalehrers und kopieren die Bewegung. Sie führen die Bewegung tatsächlich aus und denken darüber nach, wie sich Ihr Körper anfühlt und was er Ihnen mitteilt.

Ein Aspekt der somatischen Yogapraxis ist die Sicherstellung eines Elements der Erdung. Wie Sie sich vielleicht aus früheren Kapiteln erinnern, gibt uns die Erdung das Gefühl von Sicherheit und Ruhe, was so wichtig ist, wenn wir auf unseren Körper hören wollen. Bei vielen der früheren Praktiken bedeutete Erdung, sich mit den Füßen fest auf den Boden zu setzen. Beim Yoga ist das, wie Sie sich vorstellen können, etwas anders. Erdung bedeutet in diesem Zusammenhang, dass man sich im Schneidersitz auf den Boden setzt und die Arme ausgestreckt auf den Beinen ruhen lässt. Dann heben Sie die Hände in die Luft, machen mit beiden Händen das Friedenszeichen und legen dann die Hände (immer noch im Friedenszeichen-Modus) auf den Boden, wobei Sie die Schultern entspannen lassen. Vielleicht haben Sie das Bedürfnis, Ihre Augen zu schließen. In dieser Situation ist der Boden die Erde, so dass wir mit dieser Erdung unsere Verbindung mit der Erde herstellen. Wie bei jeder Erdung beginnen Sie hier, Ihren Körper in der Gegenwart und im Hier und Jetzt zu spüren. Dann können Sie tief ein- und ausatmen; dann sind Sie bereit, mit dem Rest Ihrer Yogapraxis zu beginnen.

Die verschiedenen Posen, die Sie im Yoga machen können, haben bestimmte Gründe und Vorteile. Ich werde hier nur ein paar von ihnen vorstellen, damit Sie ihre Vorteile kennen:

- **Haltung des Kindes:** Diese Pose soll Sie beruhigen und ist dafür bekannt, dass sie Stress abbaut und die Energie steigert. Um sie auszuführen, müssen Sie sich in eine kniende Position begeben. Die großen Zehen sollten sich berühren, und die Knie müssen gespreizt sein. Atmen Sie tief ein und versuchen Sie, Ihre Wirbelsäule zu strecken. Atmen Sie aus und beugen Sie sich nach vorn, indem Sie Ihren Kopf zum Boden bewegen. Wenn Sie möchten, können Sie Ihren Kopf auf Ihre Hände stützen. Öffnen Sie Ihre Schultern und lassen Sie zu, dass sich Ihr Bauch und Ihr Brustkorb weiten. Vielleicht möchten Sie Ihre Knie weiter auseinander stellen. Lassen Sie die Arme locker und legen Sie sie neben die Füße, wobei die Handflächen nach oben zeigen. Atmen Sie und entspannen Sie sich. Sie sollten spüren, wie die Position beim Atmen ausgeprägter wird. Da es sich um eine Entspannungshaltung handelt, nehmen Sie sich ein paar Minuten Zeit, um in dieser Position zu bleiben und sich zu entspannen. Wenn Sie bereit sind, die Stellung zu verlassen, führen Sie die Hände zu den Knien, atmen Sie ein und bewegen Sie die Hände, um sich mit ihnen in den Boden zu drücken und sich anzuheben. Bewegen Sie Brust und Schultern langsam nach oben, so dass Sie wieder in eine kniende Position kommen und aufrecht sitzen.

- **Stehende Katze-Kuh-Pose:** Dabei handelt es sich eigentlich um zwei verschiedene Posen, die zu einer noch effektiveren Pose kombiniert wurden. Sie kann die Flexibilität der Wirbelsäule und damit die Körperhaltung verbessern. Das Beste für unsere Zwecke ist jedoch, dass sie zur Beruhigung beiträgt und Stress abbauen kann. Beginnen Sie dazu auf Händen und Knien, wobei sich Ihr Kopf in der Körpermitte befindet und Sie nach unten schauen. Führen Sie zunächst die Kuhstellung aus, atmen Sie also ein und bewegen Sie Ihren Bauch in Richtung Boden, während Sie Ihr Kinn und Ihre Brust anheben und Ihren Blick nach oben richten. Versuchen Sie, die Schultern nach außen und von den Ohren weg zu bewegen. Dann gehen Sie in die Katzenstellung über. Atmen Sie aus und bewegen Sie den Bauch nach oben zur Wirbelsäule. Stellen Sie sich eine Katze vor, die von ihrem Nickerchen aufsteht und ihren Rücken streckt. So müssen Sie im Grunde genommen aussehen. Bewegen Sie Ihren Kopf in Richtung Boden, aber achten Sie darauf, dass Sie Ihr Kinn nicht auf die Brust legen. Atmen Sie ein, indem Sie in die Kuhstellung zurückgehen, und atmen Sie dann aus, indem Sie in die Katzenstellung gehen. Dies können Sie mindestens fünfmal wiederholen. Wenn Sie aus den Posen herauskommen müssen, richten Sie sich auf und setzen Sie sich mit aufrechtem Körper auf Ihre Fersen.

- **Vorwärtsbeugende Pose:** Diese Übung können Sie im Stehen beginnen. Im Grunde beugen Sie sich vor und versuchen, Ihre Hände flach auf den Boden zu legen. Machen Sie sich keine Sorgen, wenn Sie das nicht können; erzwingen Sie es nicht und verletzen Sie sich nicht. Beugen Sie sich einfach so weit wie möglich vor.

- **Entspannungshaltung:** Sie können sich sicher denken, was der Vorteil dieser Haltung ist! Legen Sie sich auf den Boden, die Hände an den Seiten, leicht ausgestreckt, die Handflächen zeigen nach oben, die Beine sind leicht gespreizt. Spüren Sie Ihren Körper und den Kontakt, den Sie mit dem Boden haben. Atmen Sie tief ein. So einfach ist das.

Hier ist eine Yoga-Übung für Sie zum Üben. Beginnen Sie mit der Erdungsübung, die ich vorhin beschrieben habe. Bringen Sie dann Ihre Hände nach oben, so dass sie sich vor Ihrer Brust befinden - fast so, als ob Sie ein Gebet sprechen würden. Atmen Sie ein und heben Sie dann die Arme so weit wie möglich nach oben. Wenn Sie ausatmen, lassen Sie die Schultern nach unten fallen - fast so, als würden Sie mit den Schultern zucken. Wiederholen Sie das: Arme hoch/einatmen und Schultern runter/ausatmen vier oder fünf Mal. Wenn Sie sich diesmal nach oben strecken, legen Sie die Handflächen aneinander und schauen Sie nach oben, wenn Sie können. Atmen Sie dann aus, lassen Sie die Hände in die Gebetsstellung sinken und legen Sie sie dort ab, wo Sie sie in der Erdungsposition hatten.

## AUF BEWEGUNG BASIERENDE TECHNIKEN

Neben Schüttelübungen und Yoga gibt es noch andere Techniken, bei denen es um somatische Bewegungen geht - das heißt, dass man sich nicht so sehr darum kümmert, wie man aussieht, während man die Bewegung ausführt, sondern sich darauf konzentriert, wie sie sich anfühlt. Somatische Bewegungen sind in der Regel langsam, um unserem Körper und unserem Gehirn die Möglichkeit zu geben, sie zu lernen, und werden mit voller Konzentration auf die Gefühle und Empfindungen unseres Körpers ausgeführt. Sie haben in der Regel einen bestimmten Zweck, sei es ein körperlicher oder ein geistiger Nutzen oder beides.

Zu diesen Techniken gehört die Anspannung und Entspannung (konditionierte Entspannung), bei der Sie jeden Muskel in Ihrem Körper anspannen und entspannen. Diese Techniken sollten Ihnen ein sehr entspanntes Gefühl geben und sind leicht durchzuführen, wann immer Sie wollen, überall in Ihrem Haus.

Hier ist eine schnelle und einfache Anspannungs- und Entspannungsübung für Sie zum Üben. Bitte achten Sie darauf, dass Sie Ihre Muskeln nicht verletzen. Wenn Sie einen starken Schmerz verspüren, hören Sie bitte auf.

Konzentrieren Sie sich auf eine Muskelgruppe, z. B. Ihre Wade. Atmen Sie tief ein und spannen Sie diesen Muskel an, bis Sie einen leichten Druck spüren; halten Sie das etwa fünf Sekunden lang. Dann lassen Sie los, während Sie gleichzeitig ausatmen. Es kann eine gute Idee sein, sich vorzustellen, wie der Muskel die Spannung ablässt, als würde die Luft aus einem geplatzten Reifen entweichen oder etwas Ähnliches - was auch immer für Sie funktioniert. Achten Sie auf den Unterschied, wie Sie und Ihr Körper sich fühlen, wenn Sie entspannt sind, im Vergleich zu einer angespannten Situation. Sie sollten etwa 10 Sekunden lang entspannt bleiben und dann zum nächsten Muskel übergehen. Wenn Sie alle Muskelgruppen angespannt haben, entspannen Sie sich, nehmen Sie das Gefühl der Entspannung in sich auf und genießen Sie es. Insgesamt sollten Sie 10 bis 15 Minuten für die Übung brauchen. Die wichtigsten Muskelgruppen sind Ihr Fuß (Zehen nach unten rollen), Ihre Waden, Ihre Oberschenkel, Ihre Hände, Ihr Bizeps, Ihr Po, Ihr Bauch, Ihre Brust, Ihre Schultern, Ihr Kiefer, Ihre Augen und Ihre Stirn (Augenbrauen hochziehen).

Sie können dies auch als Muskelentspannungsübung machen, bei der Sie die Anspannung etwa 15 Sekunden lang halten und dann loslassen und entspannen. Dabei atmen Sie ganz normal - es spielt keine Rolle, wann Sie ein- und ausatmen.

## TRAUMA CLEARING SCHÜTTELN

Trauma-Clearing-Schüttelübungen sind so konzipiert, dass sie Spannungen und Traumata aus den Muskeln tief in Ihrem Körper lösen. Sie beinhalten eine sichere Art des Schüttelns, die sowohl Spannungen aus den Muskeln löst als auch Ihr Nervensystem und Sie selbst beruhigt. Sie brauchen nicht viel Zeit - vielleicht höchstens 20 Minuten - und jeder kann sie durchführen. Sie müssen nicht in besonderer körperlicher Verfassung sein. Dies steht in engem Zusammenhang mit der Theorie, dass Tiere mit einem Trauma fertig werden, indem sie es sozusagen "ausschütteln". Wenn man sich auf diese sichere Art des Schüttelns einlässt, wird dem Körper suggeriert, dass er in seinen normalen, ausgeglichenen Zustand zurückkehrt. Diese Art von Übungen sollte bei Ihnen ein Gefühl von Frieden und Ruhe hervorrufen.

Ein Beispiel: Legen Sie sich auf den Rücken und stellen

Sie die Fußsohlen zusammen, wobei die Knie gebeugt sind. Heben Sie dann Ihr Becken etwa einen Zentimeter vom Boden ab und ziehen Sie Ihre Knie allmählich etwa alle 30 Sekunden einen Zentimeter nach innen. Nach einiger Zeit sollten Sie einen Punkt erreichen, an dem Sie anfangen zu zittern. Wenn Sie lange brauchen, um sich auf natürliche Weise zu schütteln, dann liegt das daran, dass Ihre Muskeln sehr stark sind. Möglicherweise müssen Sie die Pose länger halten. Wenn Sie bereit sind, können Sie die Fußsohlen und das Becken auf den Boden stellen und sich entspannen, um das Trauma durch das Schütteln zu lösen. Wenn Sie mit dem Schütteln aufhören müssen, können Sie Ihre Beine einfach ausstrecken. Wenn Sie damit fertig sind, legen Sie sich auf den Rücken und lassen Sie sich beruhigen und zur Ruhe kommen. Es ist ein merkwürdiges Gefühl, plötzlich mit den Beinen und dem Körper zu zittern, aber das ist die normale Reaktion des Körpers, wenn die Muskeln erschöpft sind, es ist also ganz natürlich. Es ist sehr therapeutisch, da Sie einige der Traumata abschütteln.

## SOMATISCHE KUNSTTHERAPIE

Aber keine Sorge. Sie müssen nicht Van Gogh oder Picasso sein, um an einer Kunsttherapie teilzunehmen, auch wenn diese vielleicht davon profitiert hätten, wenn sie es getan hätten. Es kommt nicht auf Ihre künstlerischen Fähigkeiten an, sondern auf den therapeutischen Charakter der Kunst. Dabei geht es nicht nur um Malerei, sondern auch um Musik, Tanz, Bildhauerei, Zeichnen, Schreiben und andere Kunstformen. Der wichtigste Punkt ist, dass wir etwas über uns selbst, unseren Geist und unseren Körper lernen. Es geht nicht darum, wie das künstlerische Endprodukt aussieht oder klingt. Wir wissen, dass wir oft unsere innersten Gedanken und Gefühle ausdrücken, wenn wir kreativ sind. Schauen Sie sich die vielen Songwriter an, die persönliche Tragödien verarbeiten, indem sie ein Lied darüber schreiben. Schauen Sie sich an, wie wir die Kunst von jemand anderen nutzen, um uns selbst auszudrücken. Ich weiß, dass es ein bestimmtes Lied gab, das ich immer spielte, um den Tod meiner Mutter zu betrauern. Es zu spielen half mir, zusammenzubrechen, zu weinen und den Trauerprozess zu durchlaufen. Ohne dieses Lied hätte ich einen versiegelten Mund gehabt und alles für mich behalten, was, wie wir wissen, selten gesund ist.

Man sagt, dass die Kunst, weil sie unsere geistigen und körperlichen Fähigkeiten anregt, dazu führt, dass wir die körperlichen Schmerzen "vergessen", die wir haben. Es ist nicht nur etwas, das uns von den Schmerzen ablenkt, sondern etwas, das uns entspannt und, wie einige der Bewegungstechniken, den Körper in seinen normalen Zustand zurückversetzen kann. Im Grunde genommen können Menschen, die unter starken chronischen Schmerzen leiden, sehr von einer Kunsttherapie profitieren. Eine großartige Studie hat gezeigt, dass 200 Menschen, die wegen einer Operation oder eines medizinischen Problems im Krankenhaus waren, 50 Minuten lang an einer Kunsttherapie teilnahmen. Im Durchschnitt verbesserten sie ihre Stimmung und verringerten ihre Schmerz- und Angstgefühle (Shella, 2017).

Wir wissen, dass unsere Seele, unser Geist oder unsere Psyche eine große Rolle bei unserer körperlichen Heilung spielen. Deshalb sagt man auch "Geist über Materie" und ähnliches. Es ist nicht das eigentliche Gehirn, das dem Körper sagt, dass er gesund sein soll, sondern der Teil von uns, der unsere Gefühle und Gedanken erzeugt. Kunst ist das ultimative Mittel, um diesen unterbewussten Teil von uns selbst auszudrücken und anzusprechen, und so ist es kein Wunder, dass sie denjenigen helfen kann, die unter ständigen Schmerzen leiden - seien sie nun körperlich, psychologisch oder traumatisch bedingt. Auf diese Weise kann die Kunsttherapie neben und in Verbindung mit der Schulmedizin eingesetzt werden, um Menschen mit einer Vielzahl von körperlichen und geistigen Gesundheitsproblemen zu helfen.

Eine schnelle kunsttherapeutische Übung, die Sie machen können, ist die folgende. Leider braucht man für die Kunsttherapie mehr als nur sich selbst. Dazu brauchen Sie einige Buntstifte, Farbstifte oder Kugelschreiber. Wenn Sie Farbe haben, können Sie auch malen. Außerdem brauchen Sie etwas Papier. Jedes Papier ist geeignet - es muss kein spezielles Papier sein. Bevor Sie mit Ihrer Arbeit beginnen, nehmen Sie sich etwas Zeit, um die Augen zu schließen und ein paar Mal tief ein- und auszuatmen. Seien Sie einfach im Augenblick und nehmen Sie Ihren Körper und seine Gefühle und Empfindungen wahr. Wenn Sie sich bereit fühlen, nehmen Sie Ihren Stift und zeichnen Sie einen großen Kreis auf das Papier. Zeichnen Sie nun in den Kreis hinein, wie Sie sich im Moment fühlen. Ich weiß, dass das schwer zu interpretieren ist, aber lassen Sie sich von den Formen und Farben leiten, zu denen Sie sich hingezogen fühlen, um Ihre Gefühle darzustellen. Der Kreis stellt einen sicheren Raum dar, und deshalb sind Sie frei und in der Lage, sich innerhalb dieses Kreises auszudrücken. Um herauszufinden, was Ihre Zeichnung bedeutet, können Sie eine Schreibübung machen, bei der Sie der Zeichnung Fragen stellen, und die Zeichnung, als wäre sie eine Person, kann darauf antworten. Beginnen Sie mit einigen allgemeinen Fragen und arbeiten Sie sich dann zu den spezifischen Fragen über die Bedürfnisse der Zeichnung und die Art und Weise, wie die Zeichnung diese Bedürfnisse befriedigen will, vor. Fühlen Sie sich nicht verpflichtet, einem Skript zu folgen, sondern lassen Sie das Gespräch dahin gehen, wo Sie es haben wollen. Lassen Sie das, was in diesem Dialog herauskommt, einfach in sich hineinfließen. Versuchen Sie nicht, eine Schlussfolgerung zu erzwingen oder das, was Sie gezeichnet und diskutiert haben, zu analysieren. Lassen Sie es einfach in sich hinein, und wenn Sie in Kontakt mit Ihrem Körper und Ihrem Geist sind, wird sich das, was geschehen oder angesprochen werden muss, auf natürliche Weise herauskristallisieren.

# 10

# KOMMEN IHNEN DIESE PERSÖNLICHKEITEN BEKANNT VOR?

I m Laufe unseres Lebens werden wir mit einer Reihe verschiedener Menschen in Kontakt kommen, die alle ihre eigene Identität und Persönlichkeit haben. Es gibt jedoch bestimmte Persönlichkeiten, die, wenn wir mit ihnen in Berührung kommen, sehr wohl in der Lage sind, psychologische Schäden und Traumata zu verursachen. Wenn wir lernen, mit diesen Persönlichkeiten umzugehen und uns selbst zu heilen, wenn wir mit ihnen in Kontakt kommen - und das hat Auswirkungen -, dann können wir unsere Fähigkeit zu Selbstliebe und Selbstmitgefühl in die Höhe schnellen lassen. Wenn wir mit dieser Art von Persönlichkeiten in Kontakt kommen, fügen sie uns Schaden zu. Es ist nicht unsere Schuld: Es ist die andere Person, die das Problem hat, nicht wir. Leider lösen sie ihr Problem nie, so dass wir oft mit der Last ihrer Unbewusstheit zurückbleiben, während wir versuchen, uns von dem Trauma zu erholen, das sie verursacht haben. Das war's. Nach diesem Kapitel werden Sie in der Lage sein, sich selbst zu vergeben und die vergangenen Begegnungen mit diesen Persönlichkeitstypen hinter sich zu lassen, und Sie werden besser darauf vorbereitet sein, wenn Sie ihnen in Zukunft begegnen.

## NARZISSTISCHE PERSÖNLICHKEITSSTÖRUNG

Dieses Thema ist sehr aktuell, denn es gibt Kommentatoren, die andeuten, dass bestimmte Prominente diesem Persönlichkeitstyp entsprechen. Alles, was wir haben, sind Gerüchte; niemand von uns kennt die fraglichen Personen tatsächlich, daher ist es ein bisschen viel, mit dem Finger auf sie zu zeigen. Es gibt jedoch einige, die sagen, dass die Berichte über bestimmte Prominente, die Mitarbeiter verletzen, sich aggressiv gegenüber Mitarbeitern verhalten, Familienmitglieder von Freunden entfremden und das Bedürfnis haben, darüber Interviews zu geben, auf einen klassischen Narzissten hinweisen. Da wir von außen auf die Situation schauen, wissen wir nicht, was wahr ist und was nicht, aber es ist eine interessante Prämisse.

Diejenigen, die wirklich an einer narzisstischen Persönlichkeitsstörung leiden, zeigen in der Regel ein übersteigertes Gefühl für ihre eigene Wichtigkeit, ein ständiges Bedürfnis nach Aufmerksamkeit und Respekt, haben Probleme damit, anderen Menschen gegenüber irgendeine Art von Empathie zu zeigen, und haben meistens sehr schwierige Beziehungen. Die Störung kann zu erheblichen Problemen in allen Lebensbereichen führen, z. B. bei der Arbeit, in Beziehungen und bei der Verwaltung der Finanzen. Wenn jemand mit dieser Störung nicht die Aufmerksamkeit bekommt, die er braucht, neigt er dazu, sehr unglücklich und frustriert zu werden. Andere werden sich höchstwahrscheinlich nicht an ihrer Gesellschaft erfreuen und sie meiden.

Weitere Anzeichen dieser Störung sind der Wunsch, als besser als andere Menschen anerkannt zu werden - auch wenn sie nichts erreicht haben, was darauf hindeutet, dass sie es sind. Sie blasen ihre Leistungen auf und konzentrieren sich auf Größenillusionen darüber, wie mächtig, reich und schön sie sind. Sie übertreiben vielleicht auch, wie sie den perfekten Partner finden werden. Aufgrund ihres eigenen Überlegenheitsgefühls glauben sie, dass sie nur mit gleich- oder höhergestellten Menschen verkehren können, und sehen auf alle anderen herab. Sie versuchen, Gespräche zu dominieren, und machen oft abfällige oder sarkastische Bemerkungen gegenüber denjenigen, die ihrer Meinung nach nicht das gleiche Niveau haben. Da sie sich selbst für höher stehend halten als andere Menschen, erwarten sie, dass jeder, der ihnen unterlegen ist, sie auch so behandelt und dass eine solche Person immer bereit ist, jede Bitte zu erfüllen. Sie können Anzeichen von Eifersucht gegenüber anderen Menschen zeigen, und sie glauben, dass es Menschen gibt, die auf sie eifersüchtig sind. Sie wollen immer das Beste von allem haben - den besten Fernseher, das beste Auto, das beste Telefon, das beste Haus und so weiter. Daher die finanziellen Schwierigkeiten, in denen sie sich manchmal befinden können.

Aus diesem Grund reagieren Narzissten nicht gut auf Kritik oder Vorschläge, wie sie ihr Verhalten verbessern könnten. Sie können sehr wütend und frustriert werden, wenn sie nicht die Art von konformem Verhalten erhalten, die sie von anderen Menschen erwarten. Sie werden oft wütend und versuchen, eine Person, die sie als minderwertig ansehen, herabzusetzen, damit sie sich selbst besser fühlen. In Beziehungen kann diese Art von Verhalten als Missbrauch enden - oft psychologisch und manchmal sogar physisch, wenn die Person ihre Wut nicht kontrollieren kann. Sie wüssten nie, woran Sie mit der Person sind; die Beziehung wäre das Gegenteil der Sicherheit, die Sie suchen würden. Sie können in einen ständigen Zustand der Verzweiflung geraten, in dem Sie sich fragen, was als Nächstes passieren wird und wie Ihr Partner sich verhalten oder auf alles und jedes reagieren wird. Wenn Sie diese Verhaltensmuster in Ihrer Beziehung erkennen und glauben, dass Sie deshalb missbraucht wurden, sollten Sie sich darüber im Klaren sein, dass der Missbraucher nichts an Ihnen wirklich mochte oder sich daran gestört hat: Er hätte sich jedem gegenüber so verhalten. Sie denken dann vielleicht, dass mit Ihnen etwas nicht stimmt. Nein, mit Ihnen war nichts verkehrt; Der Narzisst war derjenigen, der die Krankheit hatte. Glauben Sie nicht, dass es an Ihnen lag, zu versuchen, ihr Verhalten zu ändern. Es gab wirklich nichts, was Sie hätten tun können. Sie müssen die Verantwortung für sich selbst übernehmen.

Narzisstischer Missbrauch kann nicht nur in Liebesbeziehungen vorkommen, sondern auch bei Familienmitgliedern, Kollegen oder Vorgesetzten am Arbeitsplatz. Der Umgang mit dieser Art von Störung in solchen Situationen kann ebenfalls ein großes Trauma verursachen. Ein Vorgesetzter oder Kollege, der Sie als minderwertig ansieht und von Ihnen erwartet, dass Sie bereitwillig alle seine Forderungen erfüllen, kann, gelinde gesagt, außerordentlich anstrengend und demoralisierend sein. Es ist sehr wahrscheinlich, dass er oder sie auf Sie losgeht, wenn Sie seinen/ihren Forderungen nicht nachkommen. Wenn es sich um ein geliebtes Familienmitglied handelt, das keine Kritik zulässt und kein Einfühlungsvermögen für Sie und Ihre Gefühle hat, kann das herzzerreißend sein. Es gibt natürlich viele Möglichkeiten für psychologische Schäden, von denen es Jahre dauern kann, sich zu erholen, vor allem, wenn dies geschieht, wenn Sie noch ein kleines Kind sind.

Die somatische Therapie kann bei jedem narzisstischen Missbrauch eine Hilfe sein. Es ist fast unvermeidlich, dass diese Art von Trauma in Ihnen stecken bleibt, und es ist nicht etwas, über das Sie sich leicht wohl fühlen werden, zu sprechen. Daher wird eine Gesprächstherapie, auch wenn sie hilfreich sein mag, wahrscheinlich nicht zum wahren Kern Ihres Traumas vordringen, während eine somatische Therapie dazu in der Lage sein wird. Sie wird Ihnen helfen, das Trauma loszulassen, das tief in Ihrem Körper festsitzt. Auf diese Weise können Sie anfangen zu heilen. Die Grenzarbeit, die wir in einem früheren Kapitel behandelt haben, kann ebenfalls eine große Hilfe sein, wenn Sie sich jemals wieder in einem solchen Szenario wiederfinden, ebenso wie die Arbeit an Selbstliebe, Selbstmitgefühl und Selbstvergebung. Nichts davon war Ihre Schuld, und es ist außerordentlich wichtig, dass Sie das erkennen und beginnen, sich selbst wieder zu lieben.

Eine weitere gute Methode, um sich von Missbrauch zu heilen, ist das EFT-Klopfen. Das Klopfen der vitalen Energiefelder und das Sagen positiver Affirmationen über das, was Sie durchgemacht haben und wie Sie sich davon heilen werden, kann Wunder für Körper und Seele bewirken. Hier ist eine kurze Übung, die Sie durchführen können:

Atmen Sie tief ein und schließen Sie die Augen. Machen Sie sich bewusst, wann Sie in der Vergangenheit auf narzisstisches Verhalten gestoßen sind. Vielleicht handelt es sich um eine Situation, die sich in der Gegenwart abspielt. Achten Sie darauf, wo in Ihrem Körper Sie das Trauma spüren. Atmen Sie tief ein und öffnen Sie die Augen.

- **1:** Beginnen Sie mit dem Klopfen auf die Seite Ihrer Hand. Sagen Sie: "Trotz der Verletzungen und des Schmerzes, die ein Narzisst mir zugefügt hat, liebe und akzeptiere ich mich immer noch voll und ganz. Eine Person in meiner Vergangenheit oder in meiner Gegenwart hat mir durch ihren Narzissmus Schaden zugefügt, und es ist nicht leicht, sich von dieser Erfahrung zu erholen. Ich finde es schwierig, weiterzumachen und mich wirklich von dem Schmerz zu befreien. Trotz der Verletzungen und des Schmerzes, die mir ein Narzisst zugefügt hat, liebe, respektiere und akzeptiere ich mich immer noch von ganzem Herzen. Ich hoffe, dass der Narzisst seinen eigenen Frieden findet und es schafft, sich selbst zu heilen und sich von seinem schädlichen Verhalten zu befreien."
- **2:** Klopfen Sie auf die Stirn über der inneren Augenbraue, die Schläfe, den Wangenknochen, die Oberlippe, das Kinn, die Herzgegend, unter der Achselhöhle auf der Seite der Rippen und auf dem Scheitel. Wiederholen Sie diesen Zyklus, während Sie Folgendes sagen:

Die Verletzung, der Schmerz und der Schaden, den mir der Narzissmus zugefügt hat, werde ich heilen. All die Tage war ich ängstlich, weil ich nicht wusste, was ich tun oder wie ich mich verhalten sollte. Ich werde mich von all dem heilen. Vielleicht hatte ich in der Vergangenheit Angst davor, mich heilen zu lassen. Es war einfacher, mich nicht mit dem Schmerz auseinandersetzen zu müssen, den ich fühlte, und zu glauben, dass mit mir etwas nicht stimmte.. Wenn ich mich selbst heile und wieder liebe, besteht die Möglichkeit, dass ich in Zukunft wieder verletzt werde, und deshalb ist es einfacher, nichts zu tun. Ich liebe und akzeptiere diese Gedanken und Gefühle. Auch wenn ich es jetzt besser weiß, waren es natürliche Gedanken und Gefühle. Jetzt bin ich bereit, mich von dieser Erfahrung zu heilen.

Ich verdiene es, Ruhe und Gelassenheit in meinem Leben zu haben. Ich verdiene es zu lieben und geliebt zu werden. Bei dem Verhalten, das mir die anderen gegenüber an den Tag legten, ging es eigentlich nicht um mich, auch wenn sich das damals so anfühlte. Deshalb war es so schwer, den Schmerz und die Verletzung loszulassen, aber ich weiß jetzt, dass deren Verhalten nicht persönlich war - es waren nur die Symptome ihrer Krankheit und hatten nichts mit mir zu tun. Ich bin bereit, zu heilen. Ich bin sicher und geborgen. Ich passe auf mich selbst auf. Ich habe gelernt, Grenzen zu setzen und zu respektieren. Sie haben mich herabgesetzt und mir das

Gefühl gegeben, minderwertig zu sein, aber ich weise diese Vorstellung zurück. Die anderen sind nicht besser als ich.

Mein Leben wird nicht von dieser Erfahrung diktiert werden. Alles, was die Person sagte, war nur ihre Krankheit, die das Wort ergriff. Es ist nicht die Realität. Ich kenne die Wahrheit. Ich bin ein erstaunlicher Mensch, der Liebe und Respekt verdient. Ich bin bereit, zu heilen. Ich werde heilen. Wenn jemand sich selbst wirklich lieben und respektieren würde, wäre er auch in der Lage, mich zu lieben und zu respektieren. Menschen, die grausam zu anderen Menschen sind, lieben und respektieren sich in der Regel selbst nicht einmal ansatzweise. Ich erkenne das an, und ich lasse das hinter mir. Ich heile mich von all dem, was gesagt und getan wurde. Ich liebe mich selbst auf eine Weise, wie es diese Person nie getan hat, und andere Menschen werden mich lieben. Ich liebe und respektiere mich vollständig.

- **3:** Atmen Sie tief ein und schließen Sie die Augen. Atmen Sie aus und öffnen Sie die Augen. Hoffentlich haben die Stellen in Ihrem Körper, an denen Sie das Trauma gespürt haben, jetzt etwas Erleichterung verspürt, und Sie haben etwas von der Spannung und dem Trauma losgelassen. Spülen und wiederholen Sie dies nach Bedarf.

Denken Sie daran, dass es in Ordnung und völlig normal ist, über diese Art von Missbrauch wütend zu sein. Sie wurden von Partnern, Familie, Freunden oder Arbeitskollegen misshandelt. Das lag nicht an Ihnen: Es lag daran, dass diese krank waren. Aber nur weil sie krank waren, entschuldigt das nicht, was sie Ihnen angetan haben und was Sie durchmachen mussten. Sie müssen ihr Verhalten nicht in ihrem Namen rechtfertigen. Was sie getan haben, war falsch - schlicht und einfach. Wenn Sie darüber wütend sind, ist das Ihr gutes Recht, und das ist in Ordnung. Versuchen Sie nicht, Ihre Gefühle zu unterdrücken oder sie in sich hineinzufressen, denn das ist nicht gesund. Es ist in Ordnung, wirklich wütend auf die Person und das, was sie Ihnen angetan hat, zu sein.

## BORDERLINE-PERSÖNLICHKEITSSTÖRUNG

Die Borderline-Persönlichkeitsstörung äußert sich in einer Person, die in ihren Stimmungen und ihrem Verhalten stark schwankt. Dies führt oft zu sehr impulsiven Entscheidungen und Handlungen. BPD-Patienten können Phasen schwerer Wut, Depression oder Angstzustände haben, die mehrere Tage andauern können.

Zu den Symptomen dieser Störung können auch extreme Stimmungsschwankungen und Schwierigkeiten gehören, sich mit sich selbst und ihrem Platz in der Welt zu identifizieren. Das bedeutet, dass sich ihre Vorlieben und Abneigungen im Handumdrehen ändern können. Sie neigen dazu, alles nur als eines von zwei Dingen zu sehen: gut oder schlecht. Das kann für die Menschen in ihrer Umgebung schwierig sein, denn an einem Tag halten sie jemanden für ihren besten Freund und am nächsten Tag für ihren schlimmsten Feind. Dies kann natürlich zu sehr ungesunden und unbeständigen Beziehungen zu Partnern, Freunden, Familie und Arbeitskollegen führen.

Diejenigen, die an dieser Krankheit leiden, haben möglicherweise Probleme mit dem Verlassenwerden (unabhängig davon, ob sie real sind oder nicht) und versuchen, Beziehungen zu schnell zu beenden oder sie ganz abzubrechen, so dass sie nicht die ersten sind, die verlassen werden. Wie im ersten Absatz erwähnt, kann impulsives Verhalten eine Folge der Borderline-Persönlichkeitsstörung sein. So kann es vorkommen, dass der Betroffene teure Einkaufstouren unternimmt, zu schnell und unvorsichtig Auto fährt, ungeschützte sexuelle Beziehungen mit vielen Partnern unterhält, übermäßig zu Drogen oder Alkohol greift oder sogar in kurzer Zeit viel zu viel isst. Es ist nicht ungewöhnlich, dass Betroffene sich selbst verletzen oder Selbstmordgedanken hegen.

Es kann vorkommen, dass Menschen, die eine Borderline-Persönlichkeitsstörung entwickeln, in ihrer Kindheit traumatische Ereignisse wie Missbrauch oder Verlassenheit erlebt haben. So wie die somatische Therapie diese Probleme selbst heilen kann, kann sie auch zur Heilung von Menschen mit Borderline-Persönlichkeitsstörung beitragen. Wenn es uns gelingt, das Trauma in der Person zu heilen, sollte das wiederum die psychische Krankheit heilen. Darüber hinaus kann man eine CBT einbeziehen, die der Person hilft, sich ihrer Denkmuster bewusst zu werden und sie zu ändern. Sie können sehen, wie die somatische Therapie zur Heilung von Menschen mit Borderline-Persönlichkeitsstörung beitragen kann.

## MISSBRÄUCHLICHE PARTNER IN BEZIEHUNGEN

Eine missbräuchliche Beziehung kann körperlichen oder sexuellen Missbrauch, emotionale Misshandlung oder Vernachlässigung beinhalten. Es liegt auf der Hand, dass jeder, der eine solche Beziehung mit einer Person durchmachen muss, nicht unbeschadet davonkommt. Sie wird höchstwahrscheinlich ein Trauma verursachen. Es wird sich wahrscheinlich auf das künftige Verhalten auswirken und kann Auslöser dafür sein, dass gewöhnliche Dinge im Leben einer Person Angst einflößen. Der Missbraucher kann Sie sogar dazu bringen, an Ihren eigenen Gedanken und Gefühlen zu zweifeln. Vielleicht hat er einen Weg gefunden, Sie von Ihrer Familie und Ihren Freunden abzuschneiden, so dass Sie niemanden mehr haben, der Ihnen sagt, dass das Verhalten Ihres Partners falsch ist und Sie die Beziehung verlassen müssen. Wenn man das alles durchgemacht hat, ist es wirklich schwierig, jemals wieder jemandem zu vertrauen, der einem so nahe steht.

Um Ihnen zu helfen, sich nicht auf solche Beziehungen einzulassen, sollten Sie diese Art von Persönlichkeiten und Menschen meiden. Es ist jedoch nie leicht, denn es gehört zum Handwerkszeug eines Missbrauchers, Sie in der Anfangsphase einer Beziehung zu bezaubern, nur um dann viel später sein wahres Gesicht zu zeigen.

Die Persönlichkeitstypen, die am ehesten dazu neigen, eine Person zu missbrauchen, sind der Narzisst, den wir bereits behandelt haben, der Soziopath und der Psychopath. Einige der Charaktereigenschaften aller drei Typen können sich überschneiden.

Soziopathen sind in der Regel nicht in der Lage, Empathie für andere zu empfinden, neigen zu impulsivem Verhalten, versuchen, andere Menschen zu kontrollieren, meist auf aggressive Art und Weise, können charmant und charismatisch sein, lernen nie aus ihren Fehlern und akzeptieren keine Bestrafung für ihr Verhalten, lügen ohne zu zögern, versuchen oft, sich in Auseinandersetzungen zu begeben, drohen sich selbst Schaden an, ohne die Absicht zu haben, ihn auszuführen, und haben möglicherweise Probleme damit, einen Arbeitsplatz zu behalten oder sich zu verschulden.

Psychopathen sind dem nicht allzu unähnlich. Wie beim Soziopathen handelt es sich bei der Psychopathie nicht um eine eigentliche psychiatrische Diagnose. Bei jemandem, der diese Merkmale aufweist, kann tatsächlich eine antisoziale Persönlichkeitsstörung (ASPD) diagnostiziert werden. Der antisoziale Aspekt kommt nicht daher, dass sie ungesellig sind - wie Soziopathen sind sie zu großem Charme und Charisma fähig -, sondern von ihrer Tendenz, sich nicht allzu sehr um die Regeln der Gesellschaft zu kümmern (Lindberg, 2019). Sie kümmern sich nicht nur nicht völlig ignorant um die Gesellschaft, sondern auch nicht um die Sicherheit oder das Wohlergehen anderer Menschen. Sie haben keinen großen moralischen Kompass, lügen ständig und verhalten sich möglicherweise sehr rücksichtslos und gefährlich. Es ist sehr wahrscheinlich, dass sie große Wut zeigen und im Allgemeinen recht aggressiv sind.

Die somatische Therapie kann für jeden, der eine missbräuchliche Beziehung durchlebt oder hinter sich hat, ein Heilmittel sein. Sie kann diese emotionalen Narben wirklich lindern. Sie kann das Trauma auf eine sichere Art und Weise aus dem Körper lösen. Sie kann Ihnen helfen, sich selbst wieder kennenzulernen, die Wahrheit der Situation zu erkennen – dass es nicht Ihre Schuld war – und sich selbst wieder zu lieben und zu verzeihen.

Lassen Sie uns eine kurze Übung machen, die Sie auf den Weg der Heilung von einer missbräuchlichen Beziehung bringen wird. Setzen Sie sich bequem hin und schließen Sie die Augen. Machen Sie sich bewusst, was Ihr Körper fühlt, wenn Sie sich an diese missbräuchliche Beziehung erinnern. Schreiben Sie auf, wie es sich anfühlt. Üben Sie Ihre tiefe Atmung, und sagen Sie dabei Folgendes: "Ich akzeptiere dieses Gefühl. Ich liebe mich selbst. Ich heile mich selbst. Ich war ängstlich, aber jetzt bin ich sicher und geborgen. Ich will heilen, und ich weiß, dass ich heilen kann." Atmen Sie einfach weiter und sagen Sie diese Sätze, und Sie sollten mit der Zeit spüren, wie Ihr Körper heilt.

# 11

# WIE ES WEITERGEHT - WIE SIE WISSEN, DASS SIE GEHEILT SIND

Es ist eine Sache, an einer somatischen Therapie teilzunehmen, aber woher weiß man, dass sie funktioniert? Darum geht es in diesem Kapitel - zu wissen, wann Sie heilen. Sie werden in der Lage sein, die Anzeichen zu erkennen, die Ihnen sagen, dass die Heilung im Gange ist. Es wird Ihnen deutlich machen, woran Sie erkennen können, was Sie bisher erreicht haben und woran Sie noch arbeiten und sich verbessern müssen. Außerdem hilft es Ihnen, Ihre Erwartungen in Bezug auf die Dauer der vollständigen Heilung und Genesung zu steuern. Vor allem sollten Sie daran denken, dass Sie nicht allein sind, auch wenn es Ihnen im Moment schwerfällt, sich selbst zu heilen und zu lieben. Ich habe einige der in diesem Buch geschilderten Erfahrungen selbst gemacht, und ich möchte, dass Sie wissen, dass Sie meine Unterstützung, meine Liebe und meinen Respekt haben. Das alles ist in den Worten auf diesen Seiten verpackt - hoffentlich als ständige Quelle des Trostes für Sie. Es ist auch immer ratsam, sich Unterstützung von außen zu holen, von anderen, die das Gleiche durchgemacht haben wie Sie.

## WIE SIE WISSEN, WANN SIE GEHEILT SIND

Eine Sache, die man bedenken sollte, ist, dass Heilung nicht etwas ist, das nach nur zwei Minuten Atemübung eintritt. Sie ist etwas, das Sie als einen wichtigen Teil Ihres Lebens annehmen müssen, um sie zu erreichen. Es ist nicht wie bei einem gebrochenen Bein - man wickelt es in Gips, lässt es in Ruhe und es heilt - das war's. Nein, man muss die somatische Therapie weiter praktizieren und sie wirklich in sein Leben integrieren, damit sie ein voller Erfolg wird.

Woran erkennt man also, dass die Therapie wirkt? Zunächst einmal zeigt sich das an Ihrem Nervensystem, das im Laufe der Therapie viel regulierter und harmonischer werden sollte. Ihre Kampf-oder-Flucht-Reaktion sollte sich beruhigen, und Ihr Herzschlag sollte sich normalisieren. Sie sollten gut schlafen, und Ihre Verdauung sollte gut sein. Ihr Immunsystem sollte gestärkt sein. Ihr Blutdruck sollte normal sein. Natürlich werden sich nicht alle diese Dinge über Nacht ändern. Wenn Sie in einem dieser Bereiche bestimmte Probleme hatten, sollten Sie mit der Zeit kleine Verbesserungen feststellen. Vielleicht haben Sie bemerkt, dass Sie etwas besser schlafen oder regelmäßiger auf die Toilette gehen können. Das betrifft nicht nur die körperliche Seite der Dinge - vielleicht stellen Sie fest, dass Sie in der Lage sind, sich abzugrenzen, während Ihnen das früher große Angst eingejagt hätte. Was auch immer es sein mag, Sie sollten diese leichten Veränderungen bemerken, je mehr Sie sich damit befassen.

Die andere Art, wie Sie einen Unterschied bemerken können, ist Ihre Fähigkeit, mehr in Ihr Leben zu lassen. Wenn das Trauma in Ihrem Körper festsitzt und all diese negativen Auswirkungen auf Ihr Leben hat, stellen Sie fest, dass Sie nicht wirklich viel unternehmen und dass Sie nicht wirklich viele Menschen in Ihrem Leben haben wollen, da Sie wegen so vieler Situationen und Menschen ängstlich oder gestresst sind. Es könnte sein, dass Sie etwas ausgelöst haben und Sie sich zurückziehen. Oder es passiert etwas, und Sie werden wütend und können sich nicht mehr beruhigen. Wenn Sie heilen, merken Sie, dass Sie mehr auf sich nehmen können. Es gibt weniger Dinge, die Sue ängstigen und stressen, so dass Sie mehr Zeit haben, das Leben zu leben. Während Sie sich früher geärgert haben und sich nicht beruhigen konnten, geht jetzt alles von selbst. Das ist wie Wasser auf dem Rücken einer Ente: Es wird einfach weiter gemacht.

Das sind die beiden wichtigsten Möglichkeiten, wie Sie beobachten und feststellen können, ob die Heilung funktioniert. Wenn Sie dies lesen, nachdem Sie eine Zeit lang eine somatische Therapie durchgeführt haben, und Sie einige dieser Verbesserungen bemerken, dann ist das sehr gut! Sie heilen, und mögen Sie weiterhin heilen. Wenn Sie erst am Anfang Ihrer Reise stehen, können Sie sich jetzt darauf freuen, diese Art von Verbesserungen im Laufe der Zeit zu erkennen, so dass Sie Ihr Leben in vollen Zügen genießen und die beste Version Ihrer selbst sein können, die Ihnen möglich ist. Ich freue mich darauf, dass Sie das auch erreichen.

## WAS SIE BEI EINEM SOMATISCHEN
## THERAPEUTEN BEACHTEN SOLLTEN

Obwohl wir uns auf Übungen konzentriert haben, die Sie zu Hause durchführen können, werden Sie wahrscheinlich einen somatischen Therapeuten aufsuchen wollen, um wirklich Zugang zu allem zu haben, was zur somatischen Therapie gehört. Überprüfen Sie die Qualifikationen und Erfahrungen des Therapeuten und ob er über eine Zulassung verfügt: Ist dies nicht der Fall, streichen Sie ihn von Ihrer Liste.

Bei einem Therapeuten kommt hinzu, dass Sie sich bei ihm wohlfühlen müssen. Sie müssen das Gefühl haben, dass er Sie versteht und mit den Problemen, die Sie angehen wollen, vertraut ist. Eine Möglichkeit, dies herauszufinden, besteht darin, die sehr einfache Frage zu stellen, ob er Ihnen helfen kann. Anhand der Antwort sollten Sie ein gutes Gefühl dafür bekommen, ob Sie sich bei ihm oder ihr wohl fühlen werden. Sie können auch immer noch einige Folgefragen stellen. Ich hoffe, dieses Buch hat Ihnen das nötige Selbstvertrauen und Wissen vermittelt, um diese Fragen stellen zu können. Sie werden wahrscheinlich fragen wollen, was der Arzt oder Therapeut vorhat: Welche Behandlung wird er Ihnen genau empfehlen? So erhalten Sie einen guten Eindruck davon, ob Sie diesem Experten vertrauen können. Hat er Sie verstanden und kann er auf der Grundlage Ihres Traumas einen groben Plan für Sie aufstellen? Sind sie auch aufgeschlossen genug, um zuzugeben, dass sich die Dinge im Laufe der Zeit ändern können? Je nachdem, wie sich die Dinge in den Sitzungen entwickeln, muss der Therapeut seinen Plan möglicherweise anpassen. Es ist gut zu wissen, ob er bescheiden genug ist, um diese Möglichkeit zuzugeben.

Ebenso wenig sollten Sie jemandem vertrauen, der behauptet, dass die Befolgung seines Plans Sie in einer bestimmten Zeitspanne heilen wird. Sie wissen nicht wirklich, wie sich die Dinge entwickeln können. Sie haben vielleicht eine gute Idee, aber niemand kann es mit Sicherheit wissen, bis Sie mit der Arbeit beginnen. Therapeuten, die konkrete Versprechungen machen, kann man wahrscheinlich nicht trauen. Aus all dem folgt, dass Sie sich wahrscheinlich keinen Therapeuten suchen wollen, der Sie für viel Geld zu einer langen Therapie verpflichtet, denn jeder Plan, der für diese Art von Arbeit gemacht wird, kann sich ändern. Sie wollen einen Therapeuten, der so anpassungsfähig und flexibel wie möglich ist.

Es geht nicht nur darum, sich wohl zu fühlen: Es geht darum, ob Sie die Person tatsächlich mögen. Man könnte sie sich jemanden vorstellen, in dessen Gesellschaft man sich gerne aufhält. In gewisser Weise führt das eine zum anderen, denn es ist unwahrscheinlich, dass Sie sich in der Gegenwart von jemandem, den Sie nicht mögen, jemals wohlfühlen werden. Es geht jedoch nicht nur darum, sich wohlzufühlen, zumal Sie sich nach einem Trauma vielleicht nicht einmal mit sich selbst wohlfühlen, geschweige denn mit jemand anderem. Fangen Sie schon jetzt an, Ihr somatisches Gespür zu nutzen, und sehen Sie, ob Sie den Therapeuten als Person mögen oder nicht.

Was die Qualifikation betrifft, so sollten Sie zumindest einen Therapeuten suchen, der eine Ausbildung in somatischem Erleben hat. Idealerweise sollte er auch in einem anderen Bereich qualifiziert sein - in einem etwas anderen als dem des somatischen Erlebens, damit er sich nicht nur auf die eine Methode konzentriert. Es ist immer schön, jemanden zu sehen, der ebenfalls Fortschritte macht. Er hat sich nicht nur in einer Sache trainiert und dann aufgehört: Er hat weiter gelernt und ist als Therapeut gewachsen. Eine der wichtigsten Qualifikationen kann sein, dass er an sich selbst gearbeitet hat und seine eigene somatische Therapie zur Selbstheilung eingesetzt hat. Das deutet darauf hin, dass das, was er getan hat, funktioniert, und er sollte eine gewisse Erfahrung damit haben, was Sie durchgemacht haben. Letztlich sollte er in der Lage sein, Sie zu verstehen und sich in Sie hineinzuversetzen.

Denken Sie daran, dass Sie nichts tun müssen, solange Sie keinen fragwürdigen Vertrag unterschrieben haben. Wenn Sie nach einer Weile das Gefühl haben, dass es Ihnen nicht wirklich hilft, dann hindert Sie nichts daran, die Therapie dort zu beenden. Sie werden nie unter Druck gesetzt, etwas weiterzumachen, das Ihnen nichts bringt. Sie können sich jederzeit nach alternativen Therapeuten und alternativen Therapien umsehen.

## NACH DEM TRAUMA EINEN SINN FINDEN

Es kann schwierig sein, wenn man ein Trauma erlebt hat, auch wenn man gerade dabei ist, sich zu heilen, oder schon damit begonnen hat, sich zu heilen. Sie wissen, dass Sie weitermachen wollen, aber Sie wissen nicht, wo Sie weitermachen wollen. Im Folgenden finden Sie einige Tipps, die Ihnen helfen sollen, sich selbst zu finden und nach einem Trauma einen Sinn zu finden.

Ein Tipp ist, zu versuchen, ein erfülltes Leben zu führen. Ich weiß, das ist leichter gesagt als getan, aber nach allem, was Sie durchgemacht haben, haben Sie wahrscheinlich das Gefühl, dass in Ihrem Leben eine große Lücke klafft. Womit wollen Sie es füllen? Überlegen Sie, was Sie wollen, damit Sie sich darauf freuen, morgen aufzuwachen und den Tag zu nutzen.

Wenn es Dinge gibt, die Sie daran hindern, Ihr Leben zu erfüllen, dann ist es an der Zeit, sich diese Dinge einzugestehen - nicht als etwas Schlechtes oder etwas, für das man sich schuldig fühlt, sondern auf pragmatische, akzeptierende Weise. All diese Traumata haben dazu geführt, dass ich in Beziehungen, sagen wir mal, "distanziert" bin. Jetzt akzeptiere ich, dass das der Fall ist, und das ist jetzt eine Gelegenheit für mich, das langsam zu ändern. Es mag schmerzhaft und schwierig sein, aber wenn wir akzeptieren können, dass es Dinge gibt, die uns am Weiterkommen hindern, können wir sie nicht als etwas Negatives ansehen, sondern als eine Chance, es diesmal besser zu versuchen und sie in eine Chance zu verwandeln.

Es ist wichtig, sich daran zu erinnern, dass Sie diese Situation überstanden haben und immer noch hier sind, was zeigt, dass Sie eine außergewöhnlich belastbare Person sind. Das bedeutet, dass Sie wahrscheinlich alles durchstehen können. Sie sind ein starker Mensch, auch wenn es sich manchmal nicht so anfühlt, und das ist wirklich eine wichtige Lektion, die Sie gelernt haben. Durch Ihre somatische Therapie werden Sie als Mensch nur noch mehr wachsen. Auch wenn das, was Sie durchgemacht haben, schrecklich war und Sie es lieber nicht durchgemacht hätten, wird es Sie auf lange Sicht stärker gemacht haben. Damit will ich auch sagen, dass wir einen Sinn im Leben finden müssen. Ohne diesen Sinn treiben wir meist dahin, ohne zu wissen, wohin wir gehen. Es ist wichtig, die Dinge zu tun und die Menschen zu treffen, die deinem Leben einen Sinn geben. Wenn Ihnen das gelingt,

können Sie das Loch füllen, das das Trauma in Ihnen hinterlassen hat.

## DAS SOMATISCHE TÄGLICHE RITUAL FÜR KRAFTVOLLE HEILUNG

In den einzelnen Kapiteln habe ich versucht, Ihnen einige
Beispiele und Übungen an die Hand zu geben, mit denen Sie
arbeiten und sehen können, welche Wirkung sie haben. Am
besten ist es jedoch, vieles davon in einem täglichen Ritual zu
vereinen, um eine verbesserte Heilerfahrung zu machen. Ich
habe Aspekte aus verschiedenen Kapiteln dieses Buches
aufgenommen. Alles in allem sollten Sie für das Ritual etwa
30 Minuten brauchen, so dass Sie es noch in Ihren Tag
einbauen können. Ich denke, dass dieses Ritual besonders gut
am Morgen funktioniert, da es Elemente enthält, die sowohl
Spannungen lösen und Sie entspannen, als auch Sie auf den
bevorstehenden Tag vorbereiten.

Wenn Sie einmal den Dreh raus haben, können Sie mit
dem Wissen und der Erfahrung, die Sie gesammelt haben,
leicht Ihr eigenes Ritual schreiben. Sie können es sogar an
der Wand oder am Kühlschrank aufhängen, um sich jeden
Tag daran zu erinnern und Sie zu inspirieren, es zu vollenden.

**1: Atemarbeit (fünf Minuten):**

- Suchen Sie sich einen bequemen Platz zum Sitzen.
  Sie müssen nicht ganz aufrecht sitzen, aber Ihr
  Rücken muss gestützt werden.
- Schließen Sie Ihre Augen.
- Atmen Sie dreimal tief ein: Atmen Sie durch die
  Nase ein und durch den Mund aus.

- Legen Sie eine Hand auf Ihren Bauch und eine Hand auf Ihre Brust. Atmen Sie 10 Mal tief ein. Sie sollten spüren können, wie die Luft in Ihrem Bauch beginnt und sich ihren Weg nach oben und in Ihre Brust bahnt.

- 10 tiefe Atemzüge: einatmen und aus der Nase ausatmen.

- 10 tiefe Atemzüge: durch die Nase einatmen und durch den Mund ausatmen.

- Atmen Sie 10 Mal tief ein: Einatmen und aus dem Mund ausatmen.

- Atmen Sie einen letzten tiefen Atemzug ein. Halte ihn sieben Sekunden lang. Atme aus und entspanne dich.

- Entspannen Sie sich 30 Sekunden lang und atmen Sie normal.

- Öffnen Sie Ihre Augen.

## 2: Achtsamkeitsübung (fünf Minuten):

- Vergewissern Sie sich, dass Sie in einer bequemen Position sitzen.

- Schließen Sie Ihre Augen.

- Werden Sie sich Ihres Körpers bewusst und achten Sie darauf, ob es bestimmte Bereiche gibt, die sich entspannt anfühlen. Konzentrieren Sie sich auf einen Teil Ihres Körpers, der sich gut und entspannt anfühlt. Konzentrieren Sie sich auf diese eine Stelle und das Gefühl.

- Denken Sie an ein Wort, das dieses Gefühl am besten beschreibt.

- Achten Sie auf jede Veränderung Ihres Atems, wenn Sie sich auf die entspannten und glücklichen Stellen in Ihrem Körper konzentrieren.
- Um die Übung zu beenden, nehmen Sie langsam die Geräusche und Gerüche um Sie herum wahr.
- Wenn Sie bereit sind, öffnen Sie Ihre Augen.

### 3: EFT-Klopfen (fünf Minuten):

- Zyklus umfasst das Klopfen auf die Seite der Hand für eine Minute, gefolgt von einem kontinuierlichen Zyklus auf dem Scheitel, der inneren Stirn über der rechten Augenbraue, der Schläfe, dem Wangenknochen, der Oberlippe, dem Kinn, der Herzgegend und unter der Achselhöhle auf der Seite der Rippen.
- Sagen Sie beim Klopfen Folgendes: "Ich liebe und akzeptiere mich von ganzem Herzen. Ich bin bereit, zu heilen. In der Vergangenheit fiel es mir schwer, die Wahrheit zu akzeptieren oder dass ich nichts falsch gemacht habe und ein guter Mensch bin. Jetzt weiß ich, dass das wahr ist. Ich kann meine Vergangenheit nicht vergessen, aber ich kann sie hinter mir lassen. Ich akzeptiere mich so, wie ich bin. Ich bin ein wunderschöner, liebevoller Mensch, und ich verdiene es, geliebt zu werden. Ich respektiere und akzeptiere mich selbst. Ich bin bereit, zu heilen, und ich werde heilen.
- Nehmen Sie sich Zeit für das Klopfen. Sie brauchen nicht von einer Phase zur nächsten zu eilen. Nehmen Sie sich Zeit, die Affirmationen zu

sagen. Sie können sie auslassen, wenn Sie sie nicht für zutreffend halten, oder etwas hinzufügen, was Sie für angemessener halten.

## 4: Qigong (Fünf Minuten):

- Nehmen Sie eine stehende Position ein. Achten Sie darauf, dass Sie schön entspannt sind und die Füße leicht auseinander stehen.
- Atmen Sie tief ein und strecken Sie Ihre Hände nach oben.
- Atmen Sie aus und bringen Sie Ihre Hände nach unten zur Körpermitte. Die Hände sind einander zugewandt, die Handflächen zeigen nach unten - fast so, als ob Sie mit der Luft unter den Händen etwas nach unten drücken würden.
- Reiben Sie Ihre Hände aneinander, als ob Sie damit ein Feuer entfachen wollten, bis sie sich warm anfühlen.
- Wenn sie warm sind, schließen Sie Ihre Augen und legen Sie die Handflächen auf Ihre Augenlider. Halten Sie sie dort für etwa 30 Sekunden.
- Nehmen Sie Ihre Hände von den Augenlidern weg und reiben Sie sie über Ihr ganzes Gesicht. Reiben Sie Ihr Gesicht 10 bis 30 Mal.
- Streichen Sie nun mit den Fingern durch Ihr Haar. Das hängt davon ab, wie viel Haar Sie haben. Es kann nur eine kurze Strecke sein, oder Sie können Ihre Finger eine ganze Weile durch Ihr Haar fahren lassen. Machen Sie dies 10 bis 30 Mal, je nachdem, wie viel Zeit Sie zur Verfügung haben.

- Rubbeln Sie Ihre Ohren. Im Grunde massieren Sie Ihre Ohren. Sie können sie also reiben oder an ihnen ziehen - was immer Ihnen gut tut.
- Legen Sie Ihre Hände sanft auf Ihren Nacken und drücken Sie auf die Muskeln. Sanft ist das A und O: Sie wollen sich keine Verletzungen zu ziehen.
- Suchen Sie den Teil Ihrer Wirbelsäule, der direkt unter den Schultern herausragt. Klopfen Sie sanft mit einer Hand darauf, dann mit der anderen Hand. Tun Sie dies fünf Sekunden lang mit jeder Hand.
- Wenn Sie danach noch Verspannungen spüren, schütteln Sie einfach kurz Ihren ganzen Körper. Da Sie Ihre Arme viel benutzt haben, schütteln Sie besonders die Verspannungen in den Händen, Armen und Schultern ab.
- Einatmen, nach oben greifen und ausatmen - die Hände nach unten bringen.

### 5: Somatische Yoga-Übung (10 Minuten):

- Beginnen Sie mit einer Vorwärtsbeuge-Position.
- Gehen Sie langsam in die stehende Katzen-Kuh-Pose mit gebeugten Knien, bewegen Sie die Hände zu den Knien und heben Sie sanft Rücken und Kopf.
- Gehen Sie zurück in die Vorwärtsbeuge und wiederholen Sie den Vorgang, indem Sie ein paar Mal in die stehende Katzen-Kuh-Pose und zurück in die Vorwärtsbeuge gehen.

- Gehen Sie in eine stehende Position in der Hocke, stützen Sie Ihre Ellbogen auf die Oberseite Ihrer Oberschenkel und bewegen Sie Ihre Ellbogen langsam und sanft nach unten, bis Sie Ihre Knie erreichen. Machen Sie dies drei- oder viermal.

- Machen Sie die stehende Katzen-Kuh-Pose mit gebeugten Knien. Wechseln Sie von der Kuhhaltung in die Katzenhaltung. Machen Sie dies fünfmal.

- Stellen Sie sich breitbeinig hin und schwingen Sie die Arme von einer Seite zur anderen, einen Arm nach dem anderen. Beginnen Sie langsam und beschleunigen Sie die Bewegung. Machen Sie dies fünfmal.

- Standing Cat-Cow Pose auf Händen und Knien machen. Führe dies fünfmal durch.

- Nehmen Sie die Kinderstellung ein. Halten Sie sie ein paar Augenblicke lang.

- Legen Sie sich auf den Rücken und strecken Sie die Arme hinter sich aus. Schwingen Sie Ihr Bein von einer Seite auf die andere. Machen Sie dasselbe mit dem anderen Bein. Machen Sie dies fünfmal.

- Bleiben Sie auf dem Rücken liegen und legen Sie die Fußsohlen zusammen, wobei die Knie gebeugt sind. Halten Sie diese Position einige Augenblicke lang.

- Ziehen Sie sich im Schneidersitz hoch, wobei die Arme auf den Beinen ruhen. Halten Sie diese Position einige Augenblicke lang.

# NACHWORT

Gut gemacht! Ich wünsche Ihnen unglaublich viel Kraft für Ihr somatisches Abenteuer. Sie haben es bis zum Ende durchgehalten. Das ist an sich schon etwas, worauf Sie stolz sein können. Sie können sich selbst dazu beglückwünschen, dass Sie den ersten Schritt gemacht haben, neugierig auf die somatische Therapie zu werden und darüber zu lesen. Ich bin zuversichtlich, dass Sie mit Ihrer Neugier, kombiniert mit den Ratschlägen und Übungen in diesem Buch, auf dem besten Weg sind, sich von dem Trauma zu erholen, das Sie in der Vergangenheit erlitten haben. Allein die Lektüre dieses Buches zeigt, dass Sie den Mut haben, sich von dem Trauma zu heilen, und Sie werden diesen Mut brauchen, wenn Sie Ihre Reise fortsetzen.

Ein Trauma ist ein allumfassendes Ereignis, das wir durchmachen. Lange Zeit haben die Menschen vermutet, dass es sich um etwas handelt, das nur im Gehirn passiert. Jetzt wissen wir so viel mehr - dass es im Gehirn, im Körper und im Geist passiert. Eine der einzigen Möglichkeiten, all diese drei Bereiche zu erreichen und wirklich zu heilen, ist die somatische Therapie. Damit will ich nicht sagen, dass Gesprächstherapie nicht nützlich ist, denn das kann sie natürlich sein. Dennoch wird eine Gesprächstherapie allein nicht immer an die Wurzel des Traumas in Ihrem Körper gelangen, und manchmal kann eine Gesprächstherapie das Schlimmste sein, was jemand mit einem Trauma durchmachen muss, da er aufgefordert wird, seine traumatischen Erfahrungen zur Sprache zu bringen. In der Gesprächstherapie wird nur wenig titriert, aber die Arbeit mit der somatischen Therapie hilft Ihnen, das Trauma nach und nach loszulassen - nicht nur durch Reden und den Einsatz Ihres Verstandes, sondern indem Sie in Kontakt mit Ihrem Körper kommen und sich dessen bewusst werden, was Sie fühlen und wahrnehmen.

Das Problem bei Traumata ist, dass sie auch andere Probleme wie chronische Schmerzen, Depressionen, Angstzustände, Sucht, Verdauungsprobleme und Schlafmangel verursachen, aber all diese Dinge können mit somatischer Therapie angegangen und bearbeitet werden. Eine weitere wunderbare Eigenschaft der somatischen Therapie ist, dass es so viele Elemente gibt, dass man sich nicht auf die eine oder andere Methode beschränken muss; es gibt eine Vielzahl von Techniken und Übungen, die eingesetzt werden können. Manchmal muss man etwas ausprobieren, aber Sie sollten etwas finden, das zu Ihnen passt und Ihnen hilft.

Durch die Konzepte, die uns die somatische Therapie lehrt, gewinnen wir wirklich ein Verständnis für unseren Körper, wie er funktioniert und wie wir ihn am besten dazu bringen können, für uns zu arbeiten. Die Erdung ist eine großartige Übung, um zur Ruhe zu kommen und sich des Körpers und seiner Gefühle bewusst zu werden. Wenn Sie merken, dass Ihr Verstand mit Ihnen durchgeht oder Sie etwas panisch oder ängstlich werden, nehmen Sie sich am besten ein paar Minuten Zeit, um sich hinzusetzen, die Füße fest auf den Boden zu stellen und einige Erdungstechniken durchzugehen. Ich fühle mich fast immer ruhiger und gelassener, wenn ich das getan habe und mit meinem Körper in Kontakt gekommen bin und auf ihn gehört habe. Es ist fast so, als ob mein Körper mir dafür dankt, dass ich auf ihn höre.

Das Setzen und Aufrechterhalten von Grenzen kann für viele eine wichtige Übung sein - insbesondere für diejenigen, die in das Leben anderer eingetaucht sind oder die in missbräuchlichen Beziehungen gelebt haben. Es hilft auch, die Dinge in der Gegenwart und im Hier und Jetzt zu halten, in dem wir alle leben wollen.

Wie ich bereits im letzten Kapitel erwähnt habe, hilft Ihnen eine somatische Therapie, Ihr Nervensystem selbst zu regulieren, und das kann auf lange Sicht einen großen Einfluss haben. Ihre Emotionen werden selbstreguliert. Sie regen sich nicht mehr ohne Grund über jemanden auf. Nun, ich sage nicht, dass das immer so ist: Wir alle sind manchmal müde und mürrisch, aber nicht, weil Sie ein Trauma haben, das immer noch in Ihrem Körper festsitzt. Ihre Kampf-oder-Flucht-Reaktion wird regulierter, so dass Sie nicht mehr bei jeder Kleinigkeit in Panik und Angst verfallen. Langsam wird Ihr Entscheidungsfindungsprozess besser auf das abgestimmt, was er sein sollte. Ihre Verdauung, Ihr Schlaf und so viele andere Dinge können besser reguliert werden, und all das führt zu Ihrer Genesung, Heilung und einem Leben, wie Sie es sich vorstellen. Die Selbstregulierung ist ein so wichtiger Teil und ein Ziel der somatischen Therapie.

Der Einsatz von Bewegung kann ebenfalls als ein

Eckpfeiler der somatischen Erfahrung betrachtet werden. Dabei muss es sich nicht um Tanz handeln (obwohl das in der Kunsttherapie möglich ist) oder um etwas allzu Energetisches. Es kann so einfach sein wie ein paar Körperhaltungen im Yoga, etwas Schütteln im Qigong oder etwas Muskelanspannung und -entspannung. Sie können so energisch oder so ruhig sein, wie Sie wollen, aber die Bewegung ist ein weiterer Teil des Kennenlernens Ihres Körpers, des Bewusstseins für Ihren Körper und des Hörens auf das, was er Ihnen sagt. All diese Bewegungen sprechen die Tatsache an, dass das Trauma in Ihrem Körper ist - nicht nur in Ihrem Geist.

Ich habe keinen Zweifel daran, dass Sie die richtige Entscheidung getroffen haben. Die somatische Therapie ist eine der besten Möglichkeiten für Sie, sich von Ihrem Trauma zu heilen. Ich bin stolz auf Sie, dass Sie einen so gewaltigen Schritt gemacht haben. Ich wünschte, ich könnte an Ihrer Seite sein, wenn Sie Ihre somatische Reise antreten, aber hoffentlich spüren Sie, dass ich bei Ihnen bin und Sie in Form dieses Buches anfeuere. Sie können Ihr Leben umgestalten und ein Leben führen, das so viel weniger von Schmerz und Verletzung geprägt ist, als es derzeit der Fall ist. Sie können anfangen, sich für das Leben zu begeistern. Sie können anfangen, sich darauf zu freuen, morgens aufzuwachen - und nicht mehr mit diesem schrecklichen Gefühl des Grauens in der Magengrube die Augen aufzumachen. Sie können es kaum erwarten, zu sehen, was der Tag für Sie bereithält.

Sie werden nicht mehr von dem Trauma kontrolliert, und Sie haben die Kontrolle über Ihr Leben übernommen. Das ist eine so kraftvolle Aussage und eine, die wahr sein wird. Sie haben noch den Rest Ihres Lebens vor sich; gehen Sie und genießen Sie es.

Es ist so einfach, so viel davon auch in Ihre tägliche Routine einzubauen. Selbst das Ritual, das ich vorschlage, nimmt nur 30 Minuten in Anspruch. Vieles davon kann schon beim Aufwachen oder kurz vor dem Zubettgehen erledigt werden, so dass man es leicht schaffen kann. Alles, was Sie brauchen, ist ein ruhiger Platz in Ihrem Haus (manchmal leichter gesagt als getan, ich weiß), und schon kann es losgehen.

Dies ist Ihr Körper. Das ist Ihr Leben. Machen Sie daraus das Beste, was möglich ist. Ich wünsche Ihnen alles Gute und fordere Sie in diesem Buch dazu auf, gut auf sich selbst aufzupassen.

# REFERENZEN

All images are courtesy of Pixabay.

Barnes, S., Brown, K., Krusemark, E., Campbell, W & Rogge, R. (2007, October 11). *The Role of Mindfulness in Romantic Relationship Satisfaction and Responses to Relationship Stress.* Journal of Family and Marital Therapy. https://doi.org/10.1111/j.1752-0606.2007.00033.x

Baxter, S. (2019, October 20). *Vagus Nerve Reset to Release Trauma Stored in the Body (Polyvagal Exercises).* Vagus Nerve Reset To Release Trauma Stored In The Body (Polyvagal Exercises) - YouTube

Baxter, S. (2020, November 9). *Vagus Nerve Exercises to Rewire Your Brain from Anxiety.* Vagus Nerve Exercises To Rewire Your Brain From Anxiety - YouTube

Bell, A. (2017, July 21). *Somatic Psychotherapy.* Good Therapy. Somatic Psychotherapy (goodtherapy.org)

Bell, A. (2018, June 19). *Somatic Mindfulness: What Is My Body Telling Me? (And Should I Listen?).* Good Therapy. https://www.goodtherapy.org/blog/somatic-mindfulness-what-is-my-body-telling-me-and-should-i-listen-0619185

Brom, D., Stokar, Y., Lawi, C., Nuriel-Porat, V., Ziv, Y., Lerner, K. & Ross, G. (2017, June 6). *Somatic Experiencing for Posttraumatic Stress Disorder: A Randomized Controlled Outcome Study.* Wiley Online Library. https://dx.doi.org/10.1002%2Fjts.22189

Butler, A., Chapman, J., Forman, E & Beck, A. (2006, January). *The Empirical Status of Cognitive-Behavioral Therapy: A Review of Meta-Analyses.* Clinical Psychology Review. https://psycnet.apa.org/doi/10.1016/j.cpr.2005.07.003

Carbonelli, D. & Parteleno-Barehmi, C. (2016, May 11). *Psychodrama Groups for Girls Coping With Trauma.* Taylor & Francis Online. https://doi.org/10.1080/00207284.1999.11732607

Chambers, R., Chuen Yee Lo, B. & Allen, N. (2007, February 23). *The Impact of Intensive Mindfulness and Training on Attention Control, Cognitive Style, and Affect.* Springer Link. http://dx.doi.org/10.1007/s10608-007-9119-0

Chen, Y., Hung, K., Tsai, J., Chu, H., Chung, M., Chen, S., Liao, Y., Ou, K., Chang, Y. & Chou, K. (2014, August 7). *Efficacy of Eye-Movement Desensitization and Reprocessing for Patients with Posttraumatic-Stress Disorder: A Meta-Analysis of Randomized Controlled Trials.* PLOS ONE. https://dx.doi.org/10.1371%2Fjournal.pone.0103676

Cino, R. (2017, November 24). *How to Decrease Anxiety Using Somatic Experiencing.* myTherapyNYC. https://mytherapy-nyc.com/how-to-decrease-anxiety-using-somatic-experiencing/#comments

Clarke, J. (2021, July 31). *What Is Gestalt Therapy?* Verywell Mind. https://www.verywellmind.com/what-is-gestalt-therapy-4584583

ConciousnessNOWTV. (2020, September 19). *How to use Pendulation to Decrease Stress and Increase Well-Being.* How to use Pendulation to Decrease Stress and Increase Well-Being - YouTube

*Counselling and Meditation Exercises.* (n.d.) Sligo Gestalt Counselling. https://sligogestaltcounselling.ie/try-these-counselling-exercises.html

Cutler, N. (n.d.) *Learning How to Unlock Tissue Memory.* Integrated Physical Therapy and Wellness. https://www.ipt-miami.com/news/Learning_How_to_Unlock_Tissue_Memory

*Depressive Disorders.* (n.d.) Psychology Today. https://www.psy-chologytoday.com/us/conditions/depressive-disorders

*Diaphragmatic Breathing Exercises.* (n.d.). Physiopedia. https://www.physio-pedia.com/Diaphragmatic_Breathing_Ex-ercises

*Diaphragmatic Breathing: Everything You Need to Know.* (n.d.). Evolve Chiropractic. https://myevolvechiropractor.-com/diaphragmatic-breathing/

Eckelkamp, S. (2019, October 9). *Can Trauma Really be 'Stored' in the Body?* mbg Health. https://www.mindbodygreen.-com/articles/can-trauma-be-stored-in-body

*Energy Psychology (2017, October 26).* Good Psychology. https://www.goodtherapy.org/learn-about-therapy/types/energy-psychology

Erdelyi, K. (2019, October 28). *What is Somatic Therapy?* Psycom. https://www.psycom.net/what-is-somatic-therapy/

Essential Somatics. (2019, February 1). *The Best Psoas Release.* (2) The Best Psoas Release - YouTube

Fallis, J. (2021, March 24). *How to Stimulate Your Vagus Nerve for Better Mental Health.* Optimal Living Dynamics. https://www.-

optimallivingdynamics.com/blog/how-to-stimulate-your-vagus-nerve-for-better-mental-health-brain-vns-ways-treatment-activate-natural-foods-depression-anxiety-stress-heart-rate-variability-yoga-massage-vagal-tone-dysfunction

Feinstein, D. (2012, December 1). *Acupoint Stimulation in Treating Psychological Disorders: Evidence of Efficacy.* Sage Journals. https://doi.org/10.1037%2Fa0028602

Field, T. & Diego, M. (2008, March 4). *Vagal Activity, Early Growth and Emotional Development.* PubMed Central. https://dx.doi.org/10.1016%2Fj.infbeh.2007.12.008

*Forgiveness: Your Health Depends On It.* (n.d.) John Hopkins Medicine. https://www.hopkinsmedicine.org/health/wellness-and-prevention/forgiveness-your-health-depends-on-it

Friedman, L. (2019, November 15). *Using Somatic Experiencing to Cope with Anger.* Trauma & Beyond. Using Somatic Experiencing to Cope with Anger | Trauma Therapy (traumaandbeyondcenter.com)

Gaba, S. (2020, August 22). *Understanding Fight, Flight, Freeze and the Fawn Response.* Psychology Today. https://www.psychologytoday.com/gb/blog/addiction-and-recovery/202008/understanding-fight-flight-freeze-and-the-fawn-response

Giacomucci, S. & Marquit, J. (2020, May 19). *The Effectiveness of Trauma-Focused Psychodrama in the Treatment of PTSD in Inpatient Substance Abuse Treatment.* Frontiers in Psychology. https://doi.org/10.3389/fpsyg.2020.00896

Goodlet, N. (2020, November 30). *Vagus Nerve Stimulation Breathing Meditation Practice.* https://www.youtube.com/watch?v=kiQMaJJWcyQ

Hadley, H. (2017, July 19). *The Benefits of Somatic Breathing.* Total Somatics. https://totalsomatics.com/the-benefits-of-somatic-breathing/

Heidari, S., Shahbakhsh, B. & Jangjoo, M. (2017). *The Effectiveness of Gestalt Therapy on Depressed Women in Comparison with Drug Therapy.* Journal of Applied Psychology and Behavioral Science. https://japbs.com/fulltext/paper-02012017134122.pdf

Hoffman, S., Sawyer, A., Witt. A & Oh, D. (2010, April 1). *The Effect of Mindfulness-Based Therapy on Anxiety and Depression: A Meta-Analytic Review.* PMC. https://www.ncbi.nlm.nih.gov/pmc/articles/PMC2848393/

Holmes, J. & McGauran, J. (Executive Producers). (1988–present). *Home and Away* [TV series]. Seven Studios; Seven Network Operations Limited; Red Heart Entertainment; Keeper Media.

Hopper, S., Murray, S., Ferrara, L. & Singleton, J. (2019, September). *Effectiveness of Diaphragmatic Breathing for Reducing Physiological and Psychological Stress in Adults: A Quantitative Systematic Review.* JBI Evidence Synthesis. https://doi.org/10.11124/jbisrir-2017-003848

IABET - Consciousness Through Art. (2020, April 2). *Art Therapy Exercise - Exploring Emotional Needs.* Art Therapy Exercise - Exploring Emotional Needs - YouTube

Jackson, K. (2019, February 4). *Pandiculations 101 with Think Somatics.* (2) Pandiculations 101 with Think Somatics - YouTube

Jackson, T. (2017, August 24). *Grounding: What to Do When You Feel Unstable.* Toni Jackson Counselling. https://tonijackson-counselling.com/2017/08/24/grounding-what-to-do-when-you-feel-unstable/

Jahnke, R., Larkey, L., Rogers, C., Etnier, J. & Lin, F. (2010, July 1). *A Comprehensive Review of Health Benefits of Qigong and Tai Chi.* Sage Journals.

https://journals.sagepub.com/doi/10.4278/ajhp.081013-LIT-248?url_ver=Z39.88-2003&rfr_id=ori%3Arid%3Acrossref.org&rfr_dat=cr_pub%3Dpubmed&
Janet, S. & Gowri, P. (2017).
*Effectiveness of Deep Breathing Exercise on Blood Pressure Among Patients with Hypertension.*
International Journal of Pharma and Bio Science.
http://dx.doi.org/10.22376/ijpbs.2017.8.1.b256-260

Jerath, R., Beveridge, C. & Barnes, V. (2019, January 29). *Self-Regulation Breathing of Breathing as an Adjunctive Treatment of Insomnia.* Frontiers. https://doi.org/10.3389/fpsyt.2018.00780

Johnson, J. (2020. May 27). *What to Know About Diaphragmatic Breathing.* Medical News Today. What is diaphragmatic breathing? Benefits and how-to (medicalnewstoday.com)

Jordan, S. (2016, February 7). *An Introduction to Focusing.* British Focusing Association. https://www.focusing.org.uk/an-introduction-to-focusing

Kelloway, R. (2019, March 29). *5 Somatic Experiencing Exercises to Keep Grounded During Coronavirus Uncertainty.* Life Care Wellness. https://life-care-wellness.com/somatic-experiencing-exercises-to-keep-you-grounded/

KoK, B., Coffey, K. & Cohn, M. (2013, May 6). *How Positive Emotions Build Physical Health: Perceived Positive Social Connections Account for the Upward Spiral Between Positive Emotions and Vagal Tone.* Sage Journals. https://doi.org/10.1177%2F0956797612470827

Langmuir, J., Kirsch, S. & Classen, C. (2012). *A Pilot Study of Body-Orientated Group Psychotherapy for the Group Treatment of Trauma.* APA PsycNet. https://psycnet.apa.org/doi/10.1037/a0025588

Leung, G & Khor, S. (2017, April 25). *Gestalt Intervention*

*Groups for Anxious Parents in Hong Kong: A Quasi-Experimental Design.* Taylor & Francis Online.
https://doi.org/10.1080/23761407.2017.1311814

Lindberg, S. (2019, January 9). *Psychopath.* Healthline.
https://www.healthline.com/health/psychopath

Lynch, D., Laws, K & McKenna, P. (2009, May 29). *Cognitive Behavioral Therapy for Major Psychiatric Disorder: Does It Really Work? A Meta-Analytical Review of Well-Controlled Trials.*
Cambridge University Press.
https://doi.org/10.1017/s003329170900590x

Lyon, B. (2017, August 1). *Shame and Trauma.* Center for Healing Shame. https://healingshame.com/articles/2017/8/21/shame-and-trauma

Ma, X., Yue, Z., Gong, Z., Zhang, H., Duan, N., Shi, Y., Wei. G. & Li, Y. (2017, June 6). *The Effect of Diaphragmatic Breathing on Attention, Negative Affect and Stress in Healthy Adults.*
PubMed Central.
https://dx.doi.org/10.3389%2Ffpsyg.2017.00874

MacCarthy, M. (2019, December 17). *Somatic Low Back & Psoas Release.* (2) Somatic Low Back & Psoas Release - YouTube

Mertz, C. (2013). *The Effectiveness of Psychodrama for Adolescents who have Experienced Trauma.* Smith ScholarWorks.
https://scholarworks.smith.edu/cgi/viewcontent.cgi?article=2024&context=theses

Meyer, A. (2020, June 20). *Subconscious Mind & Inner Child Explained: The Key to Wellbeing.* Medium. https://medium.com/invisible-illness/the-subconscious-mind-inner-child-explained-511b1ef93c7f

Miller, B., Littlefield, W., Morano, R., Wilson, D., Sears, F., Chaiken, I., Moss, E., Barker, M., Tuchman, E., Chang, Y., Hockin, S., Weber, J., Siracusa, F., & Fortenberry, D.

(Executive Producers). (2017–present). *The Handmaid's Tale* [TV series]. Daniel Wilson Productions Inc.; The Littlefield Company; White Oak Pictures; MGM Studios.

Millman, R. (2019, March 24). *Healing the Inner Child | Tapping with Renee.* Healing The Inner Child | Tapping with Renee - YouTube

Millman, R. (2020, February 16). *Tapping to Heal the Inner Child and Letting Go of Shame | Tapping with Renee.* Tapping To Heal The Inner Child and Letting Go Of Shame | Tapping With Renee - YouTube

Moore, A. & Malinowski, P. (2009, March 18). *Meditation, Mindfulness and Cognitive Flexibility.* PubMed. https://pubmed.ncbi.nlm.nih.gov/19181542/

Morrisey, S. & Marr, J. (1984). Still Ill (Song) on *The Smiths.* Rough Trade.

Ortner, C., Kilner, S. & Zelazo, P. (2007, November 20). *Mindfulness Meditation and Reduced Emotional Interference on a Cognitive Task.* Springer Link. https://link.springer.com/article/10.1007/s11031-007-9076-7

Osadchey, S. (2028, August 8). *Somatic Experiencing (SE).* Good Therapy. https://www.goodtherapy.org/learn-about-therapy/types/somatic-experiencing

*Pandiculation - The Safe Alternative to Stretching.* (2010, September 30). Essential Somatics. https://essentialsomatics.com/clinical-somatics-articles-case-studies/pandiculation-safe-alternative-stretching

*Psychodrama.* (2016, May 16). Good Therapy. https://www.goodtherapy.org/learn-about-therapy/types/psychodrama

Richmond, C. (2018, November 29). *Emotional Trauma and the Mind-Body Connection.* WebMD. https://www.webmd.com/mental-health/features/emotional-trauma-mind-body-connection

Saadati, H. & Lashani, L. (2013, July 9). *Effectiveness of Gestalt Therapy on Self-Efficacy of Divorced Women*. Science Direct. https://doi.org/10.1016/j.sbspro.2013.06.721

*Sensorimotor Psychotherapy*. (2015, August 24). Good Therapy. Sensorimotor Psychotherapy (goodtherapy.org)

Shapiro, F. (2014). *The Role of Eye Movement Desensitization and Reprocessing (EMDR) Therapy in Medicine: Addressing the Psychological and Physical Symptoms Stemming from Adverse Life Experience*. The Permanente Journal. https://dx.doi.org/10.7812%2FTPP%2F13-098

Shella. T. (2017, May 26). *Art Therapy Improves Mood, and Reduces Pain and Anxiety When Offered at Bedside During Acute Hospital Treatment*. Science Direct. https://www.sciencedirect.com/science/article/abs/pii/S0197455617301053

Somatic Experiencing International. (2019, August 15). *What is Pendulation in Somatic Experiencing with Peter A Levine, PhD*. https://www.youtube.com/watch?v=LiXOMLoDm68&t=1s

Tomasulo, D. (2021, June 18). *Do You Need a Mama Psychodrama?* LinkedIn. https://www.linkedin.com/pulse/do-you-need-mama-psychodrama-dan-tomasulo

Transformations Treatment Center. (2018, October 1). *EMDR: Self-Soothing at Home. (2) EMDR: Self-soothing at home - YouTube*

Tune Up Fitness (2020, March 10). *Hum to Activate the Vagus Nerve*. Hum to Activate the Vagus Nerve - YouTube

Tune Up Fitness. (2020, March 10). *Vagus Nerve: Breathing for Relaxation*. Vagus Nerve: Breathing for Relaxation - YouTube

Valiente-Gomez, A., Moreno-Alcazar, A., Treen, D., Cedron, C., Colom, F., Perez, V. & Amann, B. (2017, September 26).

*EMDR Beyond PTSD: A Systematic Literature Review.* Frontiers in Psychology. https://doi.org/10.3389/fpsyg.2017.01668

Van Korff, M., Crane, P., Lane, M., Miglioretti, D., Simon, G., Saunders, K., Stang, P., Brandenburg, N. & Kessler, R. (2005, February). *Chronic Spinal Pain and Physical-Mental Comorobidiy in the United States: Results From the National Comorbidity Survey Replication.* PAIN 10.1016/j.pain.2004.11.010

Virant, K. (2019, May 12). *Chronic Illness and Trauma Disorders.* Psychology Today. https://www.psychologytoday.com/gb/blog/chronically-me/201905/chronic-illness-and-trauma-disorders

Wagner, D. (2016, June 27). *Polyvagal Theory in Practice.* Counseling Today. Polyvagal theory in practice - Counseling Today

Warren, S. (2019, April 21). *What is Pandiculation?* Somatic Movement Center. https://somaticmovementcenter.com/pandiculation-what-is-pandiculation/

Winn, A. (2019, August 15). *Energy Psychology Demonstration - Correct Demo of Cooks Hook Up.* (3) Energy psychology demonstration - Correct demo of Cooks Hookup - YouTube

Yates, B. (2013, September 28). *Self-Love in About Five Minutes - Tapping with Brad Yates.* https://www.youtube.com/watch?v=tLWTzQWa2hg

Yates, B. (2014, February 28). *Self-Compassion - Tapping with Brad Yates.* https://www.youtube.com/watch?v=KHydpkmWydI

Yates, B. (2020, August 31). *Narcissists (Getting Free from Past or Present Pain) - Tapping with Brad Yates.* Narcissists (getting free from past or present pain) - Tapping with Brad Yates - YouTube

Zhang, M., Zhang, Y. & Kong, Y. (2020, May 18). *Interaction*

*Between Social Pain and Physical Pain*. SAGE Journals. https://doi.org/10.26599%2FBSA.2019.9050023

Zwerican, A & Joseph, S. (2018, October 1). *Focusing Manner and Posttraumatic Growth*. Core. https://www.focusing.org.uk/an-introduction-to-focusing

# IHR FEEDBACK WIRD GESCHÄTZT

Wir möchten so kühn sein, Sie um einen Akt der Freundlichkeit zu bitten. Wenn Sie unser/ unsere Buch/ Bücher gelesen und genossen haben, würden Sie bitte eine ehrliche Rezension auf Amazon oder Audible hinterlassen? Als unabhängige Verlagsgruppe bedeutet Ihr Feedback für uns die Welt. Wir lesen jede einzelne Rezension, die wir erhalten, und würden uns freuen, Ihre Gedanken zu hören, denn jede Rückmeldung hilft uns, Ihnen besser zu dienen. Ihr Feedback kann sich auch auf andere Menschen auf der ganzen Welt auswirken und ihnen helfen, kraftvolles Wissen zu entdecken, das sie in ihrem Leben umsetzen können, um ihnen Hoffnung und Selbstbestimmung zu geben. Wir wünschen Ihnen viel Kraft, Mut und Weisheit auf Ihrem Weg.

Wenn Sie eines unserer Bücher gelesen oder gehört haben und so freundlich wären, diese zu rezensieren, können Sie dies tun, indem Sie auf die Registerkarte "Mehr erfahren" unter dem Bild des Buches auf unserer Website klicken:

https://ascendingvibrations.net/books

www.ingramcontent.com/pod-product-compliance
Lightning Source LLC
Chambersburg PA
CBHW031457120626
46545CB00005B/1651